21 Menschen
21 Momentaufnahmen
21 Möglichkeiten zu glauben

Daniel
Schneider (Hg.)

neukirchener

Inhalt

01

DANIEL SCHNEIDER

Jahrgang 1979, ist Journalist und Theologe. Gemeinsam mit seiner Frau Eva-Lisa und ihren Kindern Malaika, Merle und Justus lebt er in Löhne, Westfalen. Daniel arbeitet als Drehbuchautor für das WDR Fernsehen, ist Radiosprecher und -autor, schreibt Bücher und ist als Moderator und Referent unterwegs.

Ich möchte deine Geschichte hören

Liebe Leserin, lieber Leser,

entschuldigen Sie bitte, dass ich mich als Herausgeber dieses Buches direkt an den Anfang drängle. Das ist nicht die feine Art, dessen bin ich mir bewusst. Aber ich habe einen guten Grund für diese Unverschämtheit. Ich möchte Ihnen nämlich kurz von einer Begegnung berichten:

Sebastian und ich haben uns schon lange nicht mehr gesehen. Dann treffen wir uns endlich mal wieder auf ein Bierchen nach Feierabend. Wir haben Zeit und unterhalten uns angeregt über das, was uns in den letzten Jahren so widerfahren ist; wie das Leben uns mitgespielt hat. Wir berichten uns, welche Erfolgserlebnisse wir gefeiert haben und nach einiger Zeit sind wir wieder so vertraut, dass wir uns auch von den Dingen erzählen, die nicht so sonderlich gelungen sind.

Wir bestellen noch eine Runde Bier und nach einer kurzen Gesprächspause fragt mich Sebastian: „Sag mal, glaubst du eigentlich immer noch an Gott?" Meine Antwort kommt relativ zügig: „Ja!"

Sebastian kennt diverse Auszüge aus meiner Vita und hat aus einer kritischen, aber nicht uninteressierten Distanz immer mal wieder mitbekommen, dass mir die ganze Sache mit Gott und Jesus ziemlich wichtig ist. „Und warum?", legt er direkt nach. Ich setze zu einer Antwort an, doch er redet weiter: ==„Aber bitte komm mir jetzt nicht mit irgendwelchen abstrakten Glaubensgrundsätzen, Bibelversen oder irgendwelchen Plattitüden, ok!? Ich möchte deine Geschichte hören."==

Ich überlege. Lange. Und dann fange ich an zu erzählen. Von mir. Und von Gott. Ich weiß nicht, ob Sebastian meine Geschichte überzeugend fand. Er hat interessiert zugehört und nachgefragt. Er hat meine Geschichte mitgenommen und vielleicht hat sie ihn inspiriert. Nicht mehr und nicht weniger. Wir haben uns seitdem nicht mehr wiedergesehen.

„Ich möchte deine Geschichte hören."
Dieser Satz fiel mir wieder ein, als ich die Geschichten der Autorinnen und Autoren dieses Buches las.

Auf den folgenden Seiten geht es genau um diese persönlichen Geschichten von Menschen, die ihre Begegnungen und Momente mit Gott schildern. Es geht um Triumphe und Tragödien, Zweifel, Wunder, sachliche Beobachtungen und übersinnliche Erlebnisse. Humorvoll und tiefgehend beschreiben ganz unterschiedliche Typen, wie sie Gott erleben und welche Schlüsse sie daraus ziehen.

Und mein besonderer Moment an den vielen Gottesmomenten in diesem Buch ist der Augenblick, in dem mir klar wurde:
Ich kenne kein Druckerzeugnis, das so eine Bandbreite von Frömmigkeitsstilen und unterschiedlichen Glaubensgrundsätzen zwischen zwei

Buchdeckeln vereint. Und ich bin unheimlich dankbar, dass das möglich geworden ist. Denn nur so funktioniert dieses „Ich will deine Geschichte hören." Was wäre gewonnen, wenn wir alle gleichförmig und mit denselben Erfahrungen von unserer Beziehung berichten würden? Gerade die Unterschiedlichkeit, die Brüche und die Einzigartigkeit sind es doch oft, die eine Geschichte authentisch machen.

Ohne allzu vermessen sein zu wollen, behaupte ich doch mit Überzeugung, dass dieses Buch damit in einer gewissen Tradition zu den biblischen Autoren steht. Auch in der Heiligen Schrift vereinen sich so viele unterschiedliche Wahrnehmungen und Begegnungen mit dem dreieinigen Gott. Von Adam und Eva über Abraham, Sara, Mose bis hin zu den Jüngerinnen und Jüngern Jesu und dem Apostel Paulus finden wir dort viele unterschiedliche Typen und Zugänge zum Geheimnis des Glaubens.

Viel zu oft wird eine Form oder eine bestimmte Wahrnehmung von Gottesbeziehung als absolut dargestellt. Dabei sind es doch vor allem die Unterschiedlichkeiten, in denen Gott sich zeigt. Wenn ich daran glaube, dass Gott uns als individuelle Persönlichkeiten geschaffen hat, dann muss er miteinkalkuliert haben, dass wir ganz unterschiedliche Zugänge zu ihm bekommen. Dass wir ihn unterschiedlich wahrnehmen, beschreiben und erleben.

Und trotz aller Unterschiedlichkeit sind die Texte doch alle miteinander verbunden – durch das Geheimnis des Glaubens und die unnachahmliche und unergründliche Liebe Gottes zu uns Menschen. Glaube, der sich ganz unterschiedlich zeigt, der wahnsinnige Kräfte freisetzt und uns Menschen jubeln lässt, der manchmal wie eine Zumutung scheint und wehtun kann, der unerklärlich bleibt und trotzdem nah kommt. Glaube, der ganz viel Platz für Individualität lässt. Ein Glaube, der so alt ist und trotzdem so aktuell.

Ich bin sehr gespannt, welche Geschichte Sie anspricht. Ich wünsche mir, dass Sie inspiriert werden und dass Sie sogar Lust bekommen, selbst auf die Suche nach einem persönlichen Gottesmoment zu gehen. Erstmals oder erneut. Lassen Sie sich auf die Texte ein – auch wenn der Text der einen Autorin oder des anderen Autors vielleicht nicht zu Ihnen passt; für andere Leser oder Leserinnen trifft er womöglich genau ins Schwarze.

Ich wünsche Ihnen viel Vergnügen!
Ihr
Daniel Schneider

02

HANNA BUITING

Jahrgang 1992, arbeitet nach ihrem Studium der Literatur- und Religionswissenschaft und einer Journalistenausbildung als freie Autorin, Journalistin und Kolumnistin. Ihre Liebe zu Worten gibt sie außerdem in Wortwerkstätten und Schreibexerzitien an andere weiter und eröffnet Räume, um schreibend der eigenen Seele, Sehnsucht und Suche auf die Spur zu kommen. Mit ihrem Mann Thomas lebt sie in Berlin.

Begabung. Zum Glück.

Vermutlich, wenn ich eine Liste hätte mit Argumenten „dafür" oder „dagegen", vermutlich würde es mehr Argumente auf der Dagegen-Seite geben. Gründe, die *dagegen* sprechen, dass es Gott gibt. Und nicht nur vermutlich, sondern sicherlich habe ich diese Liste schon geschrieben. Wenigstens in meinem Kopf. Immer wieder. Punkt um Punkt. *Dagegen.* Bis ich müde war. Und leer. Und mich fühlte, als hätte ich etwas verloren. Nicht nur einen Kampf. Nicht nur Gott. Sondern auch einen Teil von mir selbst.

Denn solange ich denken kann, gibt es da diese Ahnung, diese Hoffnung, diesen Glauben – manchmal stark und manchmal nur ganz zart – dass es diesen Gott gibt, der sagt: *„Ich-bin-da. Das ist mein Name für alle Zeit."* Seit *ich* da bin in diesem Leben, auf dieser Welt, in dieser Zeit, ist *er* da. Für mich.

Mein Leben wäre leer ohne diese Ahnung, diese Hoffnung, diesen Glauben. Sie sind Teil meiner Identität. Mir in die Wiege gelegt. Ganz buchstäblich. Durch den Wunsch meiner Eltern, es möge mich geben. Ihre Liebe: das Fundament meines Seins. Ihr Glaube: prägend, tragend, ansteckend. Ihre Zuversicht, ihr Segen, ihre Zusagen – all das prägte mein Urvertrauen in dieses Leben und damit meinen Urglauben an das Gute, das Wahre, das Schöne. Meinen Glauben an die Liebe, die stärker ist als der Tod. Meinen Glauben an Gott.

Und doch: Auch ich finde Argumente, die *dagegen* sprechen, an diesen Gott zu glauben, der die Liebe sein soll. Ich muss gar nicht lange nach diesen Argumenten suchen, sondern mich nur umgucken in der Welt und mir wird schwarz vor Augen. Denn wo ist es denn? Das Gute, das Wahre, das Schöne? Die Liebe, stärker als der Tod? Wo ist er denn, dieser Gott? Ich-bin-da? Aha.

Und so bin ich nicht nur Glaubende, sondern auch Suchende. Sehn-Su-chende. Ich sehne mich nach einer besseren Welt, nach mehr Liebe, mehr Frieden, mehr Gerechtigkeit. Nach mehr Gott. Und es gab Zeiten, da stand ich deswegen eindeutig auf der Dagegen-Seite. Da war mir das alles zu viel. Zu groß. Zu anstrengend. Denn suchen und nicht wissen, ob diese Suche überhaupt irgendwann einmal ganz sicher ein gutes Ende findet, kostet wahnsinnig viel Kraft. Vor allem, wenn diese Suche immer wieder begleitet wird von Menschen, die meine Zweifel noch mehr füt-tern. Und damit meine ich nicht Menschen, die sagen, Gott gebe es nicht, ich meine damit Menschen, die Gott missbrauchen und Dinge angeblich „in seinem Namen" tun. Dinge, die wehtun und die so fern von dem sind, wie *ich* „Gott" verstehe. Da ist keine Spur von Liebe. Da ist nur Macht. Und das macht es noch anstrengender. Weil zu den Argumenten, die gegen Gott sprechen, auch noch die Argumente kommen, die gegen an-dere Glaubende sprechen. Ein Teufels-Kreis.

Szenenwechsel: Eine Ein-Zimmer-Wohnung in Berlin-Tempelhof. Alt-bau, hohe Decken, sogar ein bisschen Stuck. Knarzender Dielenboden zu Norah-Jones-Musik. Im Fenster hängt ein Stern aus Papier. Er leuchtet in der Dunkelheit. Es ist Anfang Dezember. Advent. Mein erster in Berlin. Ich bin 19 Jahre alt, Studentin und habe mich in meinem ganzen Leben noch nie so allein gefühlt. Dabei könnte alles so schön sein. Ich bin ganz freiwillig hier, wollte das unbedingt: Studentin in Berlin sein, mal ganz alleine leben, alles nach meinen eigenen Vorstellungen tun – oder lassen.

Und jetzt sitze ich da, in einem dunklen Zimmer, mit einem Stern im Fenster und Norah Jones im Ohr und kann nicht aufhören zu weinen. Ich weiß das noch bis heute. Mein Herz war schmerzverzerrt vor Heimweh. Die Sehnsucht so groß, dass ich bereits meinen Kontostand checkte und im Internet nach Zugtickets suchte, zurück ins Ruhrgebiet, in meine Heimatstadt, zu meiner Familie. Bloß, um mich diesem Schmerz und dem Alleinsein nicht mehr so ausgesetzt zu fühlen. Ich habe diese Tickets im Advent nie gekauft. Erst zu Weihnachten fuhr ich nach Hause. Diese Zeit ging trotzdem vorbei und mit ihr auch der Schmerz.

Als ich damals an diesem frühen Abend im Advent die Maus über die Bahn-Seite fliegen ließ, landete sie schließlich auf dem Word-Symbol. Es geschah einfach, dass sich ein Dokument öffnete: Eine weiße Seite, auf der ein Cursor erwartungsvoll blinkte. Und ich begann zu schreiben. Vom Alleinsein im Advent. Von diesem Stern im Fenster. Ein Zeichen, ein Wegweiser hinaus aus dieser, meiner, Dunkelheit. Wie es Paulus wie Schuppen von den Augen fiel, fiel es mir wie Sternschnuppen in mein Leben. Wünsche wurden wahr. Denn aus diesem ersten Text entstand ein Adventsblog, später ein Buch, noch später ein Beruf. Doch zuallererst wurde durch das

Schreiben etwas in mir heil. Jeden Tag suchte ich damals nach neuen Spuren, Zeichen, Wegweisern und schrieb darüber. Ich sammelte „Ich-bin-da"-Momente. Allem Allein-Sein zum Trotz. Allem Schmerz und aller Sehnsucht. Auch entgegen aller Dagegen-Argumente. Das Schreiben erinnerte mich an mein Urvertrauen, meinen Urglauben. Es machte mich wach für das Gute, das Wahre, das Schöne. Es brachte mir die Liebe zurück. Es brachte mir meinen Gott zurück. Und auch mich selbst.

Bis heute habe ich nicht aufgehört mit dem Schreiben. Als freie Autorin und Journalistin schreibe ich über spirituelle Spuren. Ich spüre Geschichten auf, die eine Ahnung davon geben: Hier ist mehr möglich. Ich sammle Sternstunden, Glanzpunkte, Lichtmomente. Ich übersetze alte, vertraute Botschaften in neue, lebensnahe Worte. Ich eröffne in Schreibexerzitien Räume für andere Menschen, auf dass sie vielleicht durch das Schreiben ebenso Gott oder sich selbst entdecken, wie ich es so oft tue. Ich zeige Haltung und Herz. Und schreibe immer wieder: trotz-dem. Denn das Bewusstsein und der Schmerz über Ungerechtigkeit, Hass, Tod und Einsamkeit sind nicht kleiner geworden. Auch nicht die Empörung und zuweilen das Entsetzen über Menschen, die Gott und ihre Macht missbrauchen und damit andere Menschen.

Trotz-dem schreibe ich. Auch, wenn das anstrengend ist und viel Kraft kostet und auch ich keine eindeutigen Beweise für Gott habe. Viel eher sind es Hinweise, Wegweiser, Weissagungen. Trotz-dem schreibe ich. Weil ich dem Hass nicht das Feld überlassen will. Weil ich lieber *für* etwas, als *gegen* etwas sein will: Ich bin *für* die Liebe.

Damit durchbreche ich einen Teufels-Kreis. Meistens jedenfalls. ==Denn natürlich werde auch ich immer wieder zurückgeworfen auf Fragen und Zweifel. Ist das okay, die Liebe so groß zu schreiben?== Angesichts des Hasses, der herrscht? Werde ich damit dieser Welt und den Menschen, die auf ihr leben, gerecht? Trage ich eine rosarote Brille? Vergesse ich da vielleicht etwas? Blende es aus? Manchmal sind diese Fragen so groß, dass ich nicht schreiben kann. Da will ich aufgeben, was ganz anderes machen. Denn Haltung zu haben und diese zu zeigen, macht einen auch angreifbar und verletzlich. Sogar oder gerade wenn diese Haltung „Liebe" ist.

Aber dann geschieht etwas, trotzt dem. Und Aufgeben ist auf einmal keine Option mehr. Weil die Suche immer auch Momente des Findens bereithält. So oft ganz unverhofft.

Der Platzregen, der fremde Menschen unter demselben Schirm zusammenbringt. Unter demselben Dach, demselben Himmel. Regen wird Segen.

Der Coldplay-Song, der zum Weihnachtslied wird. *Lights will guide you home.* Ein Lied wie ein Licht.

Eine Kiste voll Birnen. Aufgestellt am Wegesrand. Zeichen von reicher Ernte. Einladung zum Teilhaben. Vorgeschmack aufs Paradies.

Die junge Schwedin, die in einem Flugzeug aufsteht und damit die Abschiebung eines Flüchtlings verhindert. Widerstand für Würde.

Die Worte im Briefkasten. Geliehen aus der Bibel. Grüße von Gott. Ins Leben geschrieben.

Die Tatsache, dass Valentinstag und Aschermittwoch auf den gleichen Tag fallen. Und damit eine Verbindung entsteht: Zwischen Liebe und Tod, Blumen und Asche, Blüten-Staub.

Und dann immer wieder: Lücken fürs Glück. Das Glück, das mit zweitem Namen „Trotzdem" heißt und widerständig ist gegen den Schmerz und gegen das Scheitern. Das Glück, das der Leere nicht das Feld überlässt und schon gar nicht das Herz. Das Glück, das Lichtungen bereithält, inmitten von Dickicht und Dunkelheit.

Nachdem ich für ein Magazin vier Kolumnen über Alltagsspiritualität geschrieben hatte, schrieb mir die zuständige Redakteurin: *„Sie haben eine Begabung zum Glück."* Dieser Satz, diese Einschätzung, diese Wertschätzung geht mir seitdem nach. *Begabung zum Glück.* Ich frage mich: Gibt es das? Die Gabe, das Gute zu sehen? Das Glück? Und wenn es sie gibt: Was bedeutet das für (m)ein Leben?

Ich bin noch nicht am Ende meiner Überlegungen dazu. Aber ich merke: Dieser Satz macht etwas mit mir. Diese Sichtweise auf mich und mein Schreiben. Sie lässt mich gnädiger werden, versöhnt mich an manchen Tagen der Fragen und Zweifel. Sie lässt mich erahnen, dass das, was und wie ich lebe, was und wie ich schreibe, nicht unbedingt selbstverständlich ist. Dass ich einen Blick auf das Leben habe, der anderen oft fehlt. Und dass ich durch meine Worte auch anderen diesen Blick, diese Lücken fürs Glück eröffnen kann. Und dass das einen Wert hat. Vielleicht besonders in Zeiten, in denen das „dagegen" lauter ist als das „dafür".

„Sie haben eine Begabung zum Glück." Dieser Satz verbindet mich einmal mehr mit meinem Urvertrauen, meinem Urglauben, mit einem ganz wesentlichen Teil meiner Identität. Mir dankenswerterweise in die Wiege gelegt und mich damit durchs Leben tragend. Als Geschenk, als Gnade, vielleicht als Gabe. Ein großer Segen ist das und gleichzeitig spüre ich Verantwortung. Ich bin nicht be-gabt worden, nur um meiner selbst willen. Sondern, um diese Gabe weiterzugeben. Dieses Geschenk weiterzuschenken. Das kann im ganz Kleinen beginnen. Da, wo ich wach und wachsam bin und meine Beobachtungen mit anderen teile. Da, wo ich denen Worte leihe, denen sie gerade fehlen. Da, wo ich dem Hass das Wahre, Schöne, Gute entgegen-schreibe. Zum Trotz und zum Trost.

Vielleicht werde ich mein Leben lang eine Suchende bleiben. Vielleicht eine Sehnsuchende, mit vielen Punkten auf der Dagegen-Seite. Aber vielleicht ist genau dieses Suchen und Sehnen nach Glück das Wahre, Schöne, Gute in meinem Leben. Die Gabe, das Geschenk. Weil es mich wachbleiben lässt für die Spuren, die erahnen lassen: Da ist mehr möglich. *Ich-bin-da.*

03

PROF. DR. STEFAN JUNG

Jahrgang 1970, gründete 2000 die Organisationsberatung Public One in Berlin, für die er weltweit öffentliche Institutionen und politische Entscheidungsträger zu Fragen der Organisationsentwicklung berät. Als Professor für Management und Organisation lehrt und forscht er seit 2009 an der CVJM-Hochschule in Kassel, zu deren Hochschulleitung er gehört. An der Leibniz Universität in Hannover hat er seit 2006 einen Lehrauftrag. Zusammen mit seiner Frau, der Psychologin Katharina Brudereck, und den drei Kindern wohnt er in der Evangelischen Kommunität Kirubai in Essen.

Ambivalent an Gott glauben

Ich hatte großes Glück. Ich wuchs mit einem Vater auf, der religiös eher unmusikalisch war. In einer Familie und in einem Dorf, in dem der Glaube an Gott ansonsten eine große Rolle spielte, wurde ich so von Anfang an mit einer gesunden Portion Ambivalenz versorgt: Während meine Mutter mir Geschichten erzählte von Toten, die wieder lebendig werden, inspirierte mich mein Vater zu der Frage, warum manch Lebendiger in unserer Kirchengemeinde eigentlich so tot schien.

Meine Mutter nährte in mir die Hoffnung, dass auch im trostlosesten Winkel dieser Welt und gar in meinen eigenen kleinen und großen Lebenstragödien noch Licht und Auferstehungskraft zum Vorschein kommen können. Mein Vater machte diese Hoffnung keineswegs zunichte, warb aber eher dafür, doch die Ärmel hochzukrempeln, um die Tragödien zu verhindern und diese Welt ein Stück besser zu machen. Während meine Mutter mich davor bewahrte, mich von irgendwem aufs Diesseits vertrösten zu lassen, lebte mein Vater im Hier und Jetzt, packte an, wo es nur ging und wollte nicht alles erst vom Himmel erwarten.

Meine Mutter lehrte mich beten, während mir mein Vater mit einem verschmitzten Lächeln zuwinkerte, wenn ich beim Tischgebet die Augen aufmachte. So war Gott für mich von Kindesbeinen an ein Mysterium: einerseits ganz nahbar, ansprechbar und persönlich. Andererseits lernte ich schon früh, dass man in der Rede über Gott den Mund ja nicht zu voll nehmen sollte. Vielleicht ist es diese Ambivalenzfähigkeit, die mich bis heute sowohl unbefangen-naiv an Gott glauben lässt, als auch kritisch-rational mit einer Art von philosophischem „Kopfsalat" an ihm verzweifeln lässt.

Im Sommer 1995 erreichte mich ziemlich unvermittelt die Nachricht, dass mein zugesagtes Praktikum in New York nicht würde stattfinden können. Der berühmte Pianohersteller Steinway & Sons hatte beschlossen, das Unternehmen umzuorganisieren und konnte deshalb keine Praktikanten gebrauchen. Ich hatte gerade mit meinem Studium der Wirtschaftswissenschaft begonnen und meine Universität war davon überzeugt, dass „nur die Praxis die ganze Theorie enthält". Die amerikanische Finanzmetropole New York wäre für mich ein grandioser Ort gewesen, um die „Praxis der Ökonomie" zu studieren.

Die kurzfristige Absage aus New York führte dazu, dass ich ziemlich spontan eine Einladung nach Indien annahm, um in einem kleinen Kinderhilfswerk mitzuarbeiten. Am Tag meiner Ankunft zeigten mir meine Gastgeber die Realität einer indischen Metropole und damit auch einen Teil der Familiengeschichte einiger Kinder, die ich in diesem Sommer kennenlernen sollte. Die Absage aus New York noch nicht ganz verdaut, fand ich mich also plötzlich in einem indischen Slum in Chennai wieder, den wir an diesem Vormittag zu Fuß durchquerten. Ich sah, wie Kinder und Jugendliche im Müll nach brauchbaren Gegenständen suchten, die man vielleicht noch verkaufen konnte. Einige stocherten auch nach Essbarem, während ein alter gebrechlicher Inder barfuß und nur mit einem Tuch umwickelt damit beschäftigt war, seine Notdurft zu verrichten. Vielleicht waren es genau solche bizarren Szenen, die den Literaturnobelpreisträger Günter Grass dazu veranlassten, über eine andere indische Stadt als einen „Haufen Scheiße" zu schreiben, „wie Gott ihn fallen ließ und Kalkutta nannte".

Weiter auseinander hätten die Welten für mich wohl nicht liegen können. New York auf der einen Seite und auf der anderen der indische Slum. Dort die westlichen Anzugträger mit ihren Businessplänen und bürgerlichen Lebensstrategien. Hier die Habenichtse und Vergessenen, die Abgehängten und Unberührbaren, wie sie in Indien mitunter genannt werden. Ich selbst wusste natürlich, dass ich als Westeuropäer mit Rückflugticket eher einem Zuschauer glich. Aber niemals zuvor spürte ich so konkret, dass die Welt, durch die Augen der anderen gesehen, eine andere Welt ist.

Jener Sommer in Indien veränderte mein Leben in zweifacher Hinsicht: Als junger Wirtschaftswissenschaftler wurde ich misstrauisch gegenüber den gängigen ökonomischen Erklärungsmodellen hinsichtlich der Ursachen von Armut und Reichtum. Dass die Globalisierung mitunter Gewinner und Verlierer produziert und sie keineswegs ein Allheilmittel gegen Ungerechtigkeit und Ungleichheit ist, dämmerte mir bereits nach wenigen Wochen in Südindien und inspirierte mich dann auch in meinen weiteren akademischen und beruflichen Entscheidungen.

Zweitens aber veränderte sich auch mein Glaube an Gott. In Indien lernte ich, dass Religion nicht nur dafür benutzt werden kann, andere für dumm zu verkaufen, sie auszunutzen und klein zu halten, wofür das indische Kastensystem sicherlich eines der krassesten Beispiele ist – wie es sie übrigens in jeder Religion gibt. Sondern ich lernte vielmehr auch, dass der Glaube an Gott enorme Widerspruchskraft gegenüber den ungerechten politischen und ökonomischen Verhältnissen verleihen kann. Das hatte nichts mit einer Vertröstung aufs Jenseits zu tun, sondern machte einen konkreten Unterschied im Hier und Jetzt. Gerade von den indischen Kindern, die aus ärmsten Lebensverhältnissen stammten und mitunter alles verloren hatten in ihrem jungen Leben, lernte ich einen Glauben kennen, der sich nicht abfand mit den Lebensverhältnissen und Hoffnung ausstrahlte, wie ich sie in westlichen Kirchen bis dahin nicht erlebt hatte.

Inspiriert von weltbewegenden Menschen wie Mutter Teresa beobachtete ich bei meinen indischen Gastgebern, wie sie das Beispiel von Jesus sehr radikal nachahmten und solidarisch waren mit den Armen. Zum ersten Mal erkannte ich, dass das, was meine Mutter und mein Vater mir jeweils beizubringen versuchten, auf eine eigentümliche Art zusammenfanden: Ich erkannte, dass die Pointe des Glaubens darin bestehen könnte, dass Gott sich ganz auf die Tiefen der Welt einlässt, dass er sich mit den großen und kleinen Lebenstragödien verbindet, solidarisch wird mit den Armen, dass er Kranke und Gebrechliche umarmt und es dann hell wird, wo es vorher dunkel war.

Von meinen indischen Gastgebern konnte ich in diesem Sommer lernen, was der Theologe Paul Zulehner einmal so formuliert hat: „Wer bei Gott eintaucht, taucht bei den Armen auf" – und dann vielleicht auch Gott bei ihm oder ihr, möchte man hinzufügen. Ein solcher Glaube ist für mich bis heute attraktiv und überzeugend. Und deshalb schätze ich die Geschichten meiner eigenen jüdisch-christlichen Glaubens- und Erzähltradition, in der Gott sich den Menschen zuwendet, als Kind in einer Futterkrippe, als jemand, der Kranke und Alte umarmt und sich auch in die Slums meines eigenen Lebens begibt. Ein solcher Glaube tröstet mich. Und er spornt mich an mit anzupacken und diese Welt zu gestalten – ganz so, wie mein Vater mir das vorgelebt hat.

Mein Glaube an Gott hat seit meiner ersten Indienreise viele seiner philosophisch-theologischen und praktischen Berührungsängste verloren. Ich bin deshalb heute viel skeptischer, wenn andere den Glauben an Gott vereinnahmen und so tun, als hätten sie irgendwie eine privilegiertere Deutungs- oder Beobachtungsposition als andere. Ich bin skeptisch, wenn der Glaube eher zu Rechthaberei, Besserwisserei oder zur intellektuellen Besitzstandswahrung beiträgt anstatt zur Friedfertigkeit. Deshalb sind mir die Friedfertigen anderer Religionen auch näher als die Betonköpfe meiner eigenen Glaubensgemeinschaft. Und vielleicht meinte Jesus das ja auch, als er uns einlud, es ihm nachzumachen, denn auch er verbündete sich mit denen, die dem religiösen Establishment suspekt waren.

Heute arbeite ich als Wirtschaftsprofessor an einer deutschen Hochschule und als internationaler Berater in Entwicklungsländern. Beide Welten verlangen von mir, Ambivalenz auszuhalten: zwischen Theorie und Praxis oder zwischen „reflektieren dürfen" und „handeln müssen". Ich habe gelernt, nicht die eine Seite gegen die andere auszuspielen. Ich empfände das als unproduktiv.

Als Wissenschaftler profitiere ich davon, echte Praxisprobleme zu kennen und angehen zu müssen. Und als Praktiker gönne ich mir, dass es beim Lösen dieser Probleme einigermaßen reflektiert zugehen darf. Beide Sphären sind jeweils eine andere Form der Weltaneignung. So ist es für mich auch mit dem Glauben an Gott. Weder sollte ich den Glauben ausspielen gegenüber der Wissenschaft oder den Nöten dieser Welt, noch sollte ich ihn immer nur verteidigen müssen gegenüber jedem Zweifel und jedem Ein- oder Widerspruch. Denn seine schöpferische Kraft bezieht mein Glaube vor allem aus den Grenzbereich meines Lebens, da wo es brüchig wird und ich selbst das sichere Terrain verlasse.

04.

CHRIS PAHL

Jahrgang 1981, ist Projektleiter des Jugend-kongress CHRISTIVAL22. Vorher leitete er als Jugendreferent eine Schuljugendarbeit. Er ist Autor mehrerer Bücher und liebt das Netzwerken. Privat trifft man ihn joggend oder paddelnd in der Leipziger Natur.

Heilende Stille

Dicke Regentropfen prasseln auf das Dach der einsamen Hütte in Norwegen. Seit Tagen der gleiche Sound. Die Luft ist kühl hier im hohen Norden Europas. Ich wärme meine Hände an der dampfenden Tasse Kaffee. Ich schaue immer durch das eine Fenster, denn dieser Ausblick ist am schönsten. Der See. Nur 15 Meter von meiner Hütte entfernt liegt er gerade still da. Nur die steten Tropfen verleihen seiner Oberfläche ein Muster. Dieser See beruhigt mich. Vier Wochen bin ich nun schon hier in „meiner" einsamen Hütte. Das nächste bewohnte Haus ist drei Kilometer entfernt. Strom und fließendes Wasser gibt es nicht. Ans Streuen der Sägespäne nach dem Klogang habe ich mich schnell gewöhnt. Riecht gut! Wasser liefert der See, sofort trinkbar. Gasherd, Kamin, ein Dieselaggregat um den Laptop zu laden – es ist alles da, was ich brauche. Nur die Menschen fehlen. Aber das wollte ich so. Denn ehrlich gesagt bin ich „menschenmüde". Jahrelange leitende Verantwortung in der Jugendarbeit hat mich viel Kraft gekostet. Und mein Herz hat noch ein anderes Problem. Es ist zerbrochen.

Ortswechsel. Zwei Monate zuvor. 5200 Kilometer entfernt von der einsamen Hütte. Ein altes Kloster zwischen Tel Aviv und Jerusalem. Die ersten fünf Wochen meiner Auszeit verbringe ich hier bei einer kleinen Gemeinschaft aus evangelischen Brüdern, einem Ehepaar und Mitarbeitern aus dem Land. „Ora et labora" ist meine Devise. Beten und arbeiten.

Vormittags helfe ich in Haus und Garten. Den Rest des Tages habe ich Zeit für mich. Das Handy ist an sechs Tagen der Woche ausgeschaltet. Außer der Bibel habe ich keine Bücher dabei. Ich wusste gar nicht, wie lang ein Tag ohne Medien sein kann. Dreimal am Tag trifft sich die Gemeinschaft zu Andachten in der Kellerkapelle. Dieser Ort wird in diesen Wochen mein Ruhepol und gleichzeitig mein inneres Schlachtfeld.

Bruder Elija meditiert hier jeden Tag 20 Minuten vor der Abendandacht. Er nennt es „seine intime Zeit" mit Jesus. Elija strahlt eine besondere Ruhe aus und hat gleichzeitig einen wunderbaren Humor. Ob Gott wohl ein bisschen ist wie er? Jeden Abend knie ich nun mit ihm vor dem Kapellenkreuz. Und ich erfahre immer wieder: Wenn ich still werde, wird es in mir laut. Meine Gedanken kreisen und meine Seele beschwert sich massiv. „Es ist ungerecht, einfach so ungerecht. Wieso ich? Ich habe doch so geliebt, so vertraut. Dir, Gott, habe ich vertraut und ihr, ihr habe ich vertraut. Und von beiden wurde ich enttäuscht." Tränen laufen über mein Gesicht.

Über zwei Jahre ist es her, seitdem meine Frau ausgezogen ist. Mittlerweile sind wir geschieden. Ich klage und trauere über mein nicht gelungenes Lebenskonzept. Einsamkeit und verletztes Vertrauen machen mich zum Opfer. Und da, mitten in meinem Klagen, kommt ein Gedanke so klar und deutlich, als ob ihn jemand aussprechen würde: „Chris, ich war dabei und ich habe mit dir gelitten. Ich, ich habe dich nicht verlassen." Beim Schreiben dieses Textes sind wieder Tränen in meinen Augen. Diese Worte waren kein wirrer Gedanke, sie passen zu dem, wie ich Gott davor und auch danach erlebt habe. Diese Tränen, dieses Klagen, diese Zusage waren der Beginn einer tiefen Heilung. Und noch etwas geschah im Kloster: Ich erkannte zutiefst, wie sehr ich Vergebung brauche. Es wurde mir klar, dass ich meiner Ex-Frau vergeben und auch selbst bei ihr um Vergebung bitten musste. Denn auch ich hatte vieles falsch gemacht. Und dann erlebte ich in dem Land, in dem Jesus gewirkt hat, dass Gott uns neue Chancen gibt. Ich spürte, wie ich die Last mit meinen Fehlern in Israel lassen konnte. Ich war danach kein besserer Mensch, aber ich spürte: Gnade und Vergebung sind möglich und jedem jederzeit zugänglich. Ich glaube daran, weil ich es selbst als Erleichterung erlebe und weil das genau eine Kernbotschaft des Lebens und der Lehre von Jesus ist: Du kannst neu anfangen, ich trage deine Last. Gott sei Dank. Es ist so schwer die richtigen Worte dafür zu finden, das muss man erleben.

Ortswechsel. Gegenwart. Nun bin wieder in der Hütte in Norwegen. Drei Jahre sind seit meiner letzten Auszeit im Kloster und dieser Hütte vergangen. Der Blick auf den See ist derselbe. An diesem Ort bin ich meinem Gott besonders nahe. Ich denke zurück an meine Kämpfe in der Klosterkapelle und, ja, auch der Alltagscheck hat es bewiesen: Ich bin mit neuer Kraft und einem gnädigeren Herzen aus der Auszeit zurückgekommen. Ich konnte vergeben und meiner Ex-Frau anders begegnen. Gerade kommt eine neue Frau in mein Leben und ein Neuanfang scheint möglich. Und doch bringt auch diese Hüttenzeit wieder Kämpfe mit sich. Zum einen angle ich dieses Mal wirklich erfolglos. Dabei hasse ich es, geduldig zu sein. Zum anderen werden die Nächte für mich zur Herausforderung. In einer einsamen Hütte in Norwegen sollte man keine Psychothriller lesen, nicht gut! Zumal mir noch ein Überfall in einem Brasilienurlaub vor einiger Zeit nachhängt: Vier Männer überfielen mich, als ich morgens am Strand den Sonnenaufgang betrachtete. Außer meinem Handy haben sie nichts erbeutet und ich blieb unverletzt – aber die Erfahrung der Hilflosigkeit und dass ein Leben mit Gott nicht die Bewahrung vor allem Bösen bedeutet, haben mich geprägt. Zum Glück wird es hier in Norwegen erst spät dunkel. Sobald es dämmert, schließe ich die Tür und stelle einen Stuhl davor. Die Stille, die ich tagsüber als so heilsam empfinde, macht mir auf einmal Angst. „War da ein Knacken vor meinem Fenster?" – „Was soll ich tun, wenn mich jemand überfällt?" – „Klopft da jemand aufs Dach?" Panik macht sich in mir breit. Ich bete leise und laut, lese in der Bibel. Das beruhigt etwas. Ich schlafe ein – und schrecke kurz danach wieder hoch. Die Nacht bleibt unruhig und ich sehne mich nach dem Sonnenlicht am Morgen. Wie gerädert sitze ich mit Kaffee auf meinem Bett und spüre wieder mal eine Frage laut werden: „Warum vertraust du mir nicht? Warum meinst du, dich immer nur auf dich selbst verlassen zu können?" Ähnlich wie in der Kapelle damals diskutiere ich mit Gott. Frage ihn, wo er am Strand in Brasilien war. Und spüre, dass ich noch nicht verstanden habe, dass Gottes Liebe nicht nur dann gilt, wenn alles perfekt läuft. Ich habe kein Recht auf ein vollkommenes Leben, aber ein Recht auf einen immer präsenten Gott. Außerplanmäßig schalte ich mein Handy ein und schreibe eine Nachricht an meine Männergebetstruppe. Ich bitte sie, für mich um neues Vertrauen und guten Schlaf zu beten. Die Nächte werden besser. Eine gewisse Angst bleibt. Ich bin noch lange nicht am Ende auf meinem Weg mit Gott.

Auszeiten gehören für mich auch weiterhin dazu. Immer wieder mal plane ich sie in meinem Alltag mit ein. Allein. Hier mal einen Tag der Stille mit einer Wanderung, da mal zwei Tage im Kloster oder in einem einsamen Haus. Und immer wird es eine Zeit, in der ich mich selbst und Gott mehr entdecke. Das ist nicht immer schön. Oft erschrecke ich über meine Müdigkeit, meinen Egoismus oder eben meine Angst. Aber ich finde immer wieder Mut. Je mehr ich die Stille einübe, umso stärker spüre ich, dass ich in diesen Zeiten nicht einsam bin. Jesus, die Person der Dreieinigkeit, der ich mich am nächsten fühle, ist da. Mal spüre ich gar nix. Mal ignoriere ich ihn. Mal klage ich ihn an. Mal lachen wir zusammen. Mal kommen mir Worte in den Kopf, die übersinnlich scheinen. Mal ist es ein Bibelvers oder ein Sonnenaufgang, der mich berührt.

Ich brauche die Stille, das freie Atmen, die Jesusbegegnung. Denn ohne sie verliere ich mich und werde für mein Umfeld ungenießbar. Dich, liebe Leserin, lieber Leser, würde ich gerne mal mitnehmen in die einsame Hütte (auch wenn sie dann ja nicht mehr einsam wäre). Einladen in das Kloster, in den Wald – oder dir zumindest Mut machen, die Stille zu suchen und vielleicht einen Teil von dir und der heilenden Liebe von Jesus zu finden.

DR. HOLGER PYKA

Jahrgang 1982, ist Kölner mit schwedischen Wurzeln – und jetzt sehr gerne Wahl-Wuppertaler und Gemeindepfarrer in Elberfeld. Als promovierter Karnevalist ist er zur fünften Jahreszeit immer auf Heimaturlaub. Manchmal ist er auf Slam- und Lesebühnen zu sehen, fast noch viel lieber coacht er andere beim Schreiben und hilft ihnen, ihre Geschichten zu erzählen. Und ab und zu entstehen aus den Erfahrungen im Gemeindealltag auch Cartoons, aus denen schon ein Buch entstanden ist.

Am Anfang ein JA

Sein Atem ist unruhig. Aus dem halb geöffneten Mund dringt ab und zu ein Laut. Die Gegend rund um Mund und Nase ist blass, die Haut wirkt wie Pergament. Ein Zeichen, das uns sagt, was wir ohnehin schon wussten: Es geht zu Ende. Mit einem Tuch tupfe ich ihm den Schweiß vom Gesicht. Dann lege ich ihm die Hand auf die Stirn. Spreche die alten Worte eines mittelalterlichen Sterbesegens. Es ist gut, ihn auswendig zu können. Eigene Formulierungen fallen mir keine ein im Moment. Es scheint alles gesagt. Alles außer diesem:

> *„Es segne dich Gott, der Vater,*
> *der dich nach seinem Ebenbild geschaffen hat.*
> *Es segne dich Gott, der Sohn,*
> *der dich durch sein Leiden und Sterben erlöst hat.*
> *Es segne dich Gott, der Heilige Geist,*
> *der dich zum Leben berufen und geheiligt hat ...“*

Als ich „Amen" sage, bin ich ruhiger. Und er auch. Sein Atem ist regelmäßiger, der Herzschlag langsam und kaum spürbar. Es fällt mir schwer, jetzt aufzustehen, rauszugehen. Jetzt, da jedes Mal das letzte Mal gewesen sein kann. Plötzlich muss ich lachen. „Weißt du, Papa", sage ich, „es ist schon verrückt: Jetzt habe ich das ganze Zeug jahrelang studiert – und in ein paar Tagen weißt du viel mehr darüber als ich." Ich bilde mir ein, dass er lächelt. Wäre er bei Bewusstsein, hätte er jetzt wahrscheinlich zufrieden genickt.

Ich weiß nicht, wann das bei mir angefangen hat mit dem Glauben. Ich kann mich an keine Zeit erinnern, zu der ich ihn nicht gehabt hätte. Das Verrückte ist: Ich weiß nicht, wer mir zum ersten Mal von Gott erzählt hat. Wer mir das Glauben beigebracht hat. Meine Familie ist da eigentlich ziemlich unverdächtig – über Religion spricht man schließlich nicht. Also, über Kirche und so schon, aber nicht darüber, was man ganz persönlich glaubt. Der Sonntag war Ausschlaf-, Ausflugs- und Waschtag bei uns. Ich hatte nichts dagegen. Als man mich gegen meinen Willen mit fünf Jahren in eine Kirche schleppte, fand ich dort alles sehr merkwürdig. Die Bänke unbequem, die Musik traurig. Und alles war furchtbar langweilig.

Aber irgendjemand muss mir doch erzählt haben von Gott. Und auch, dass er zuhört, wenn Kinder mit ihm sprechen wollen. Vielleicht war es im evangelischen Kindergarten. Gebetet wurde in den Achtzigern dort zwar nicht – aber es gab eine „Schweigeminute". Vielleicht war es im Reliunterricht der Grundschule, auch wenn wir da meistens nur Bilder malten. Vielleicht begann er auch bei meiner Taufe. Genaues kann ich darüber nicht sagen, ich war zwar dabei, aber mit drei Monaten wenig aufnahmefähig. Ich erinnere mich nicht daran. Und trotzdem: Das Wissen, dass Gott zu mir Ja gesagt hat, noch bevor ich krabbeln konnte, trägt mich. Auch in den Zeiten, in denen mein eigenes Ja eher leise und mechanisch kommt.

Mittwochnachmittag. Die zerschlissenen Sofas in dem rauchgeschwänger-
ten Jugendraum sind schon längst besetzt. Ich ergattere einen Platz auf
der Lehne neben Hartmut. Er trägt wie immer einen speckigen Cowboyhut
und riecht ein bisschen streng. Jeden Tag kommt er aus der betreuten WG
von nebenan hierher, ins evangelische Jugendzentrum in einem der weni-
ger schicken Kölner Stadtteile. Hier darf er sein. Hier gehört er dazu, ohne
irgendetwas dafür zu tun. Genauso wie Janine. Sie ist ein Jahr jünger als
ich, also gerade fünfzehn. Ihre einjährige Tochter Cindy ist gerade bei
ihrer Mutter. Neben Janine sitzt Jörg, ein schwuler Lehramtsstudent Ende
Dreißig. Er hilft ihr, ein Schreiben ans Jugendamt zu formulieren. Mit
großem Getöse kommen Tuncay und seine Gang rein, grüßen kurz, dann
ziehen sie sich an den Billardtisch zurück. Wenn sie hier sind, haben sie
in den anderen offenen Einrichtungen mal wieder Hausverbot wegen
Schlägereien, Diebstahl – weswegen auch immer. Hier gibt es kein Haus-
verbot. Dafür sind wir bekannt. Und das macht das Leben hier ab und zu
ziemlich anstrengend. Hier landen sie alle, wenn sie nirgendwo anders
hinkönnen. Mir gefällt das. Weil ich ahne: Wenn die alle hier sein dürfen,
dann ist hier vielleicht auch Platz für mich, für diesen pickeligen Sech-
zehnjährigen, der beim Sport immer als Letzter ins Team gewählt wird
und das Leben im Großen und Ganzen gerade ziemlich unerträglich findet
und manchmal selber ziemlich unausstehlich ist.

Es gibt diese Stelle in der Apostelgeschichte. Da stellt Paulus sich auf den
Marktplatz in Athen und redet zu den Leuten. Er spricht von einem
Altar, der „dem unbekannten Gott" gewidmet ist. Und er erzählt ihnen,
wer dieser Gott ist. Irgendwie erlebe ich solche Leute auch immer wieder.

Pfarrer und Religionslehrerinnen, die mir von Jesus erzählen. Eine alte Dame mit schwäbischem Akzent, die mir ihre zerlesene und mit unzähligen Randbemerkungen versehene Bibel zeigt. Meine Profs an der Uni, die mir erklären, dass Glauben mit Wissen zu tun hat, die mir die wilden, ungezähmten Geschichten der Bibel näherbringen und mich ins Abenteuer theologischen Nachdenkens stürzen. Und dabei nicht verschweigen, dass das anstrengend ist. Die Atheisten und die Evangelikalen, mit denen ich bis in die Nacht in verranzten Kneipen diskutiere. Der Patient auf der Onkologiestation, der mir beim Abschied sagt: „Heute Abend beten wir füreinander, oder? Sie für mich und ich für Sie!" Die Dichterinnen und Autoren von Psalmen, Gebeten, Gedichten, Liedern, die ich nachts lese, die Worte finden für das, was mich bewegt. Jochen Klepper. Und Rainer Maria Rilke: „Du, Nachbar Gott, wenn ich dich manches Mal in langer Nacht mit hartem Klopfen störe, so ist's, weil ich dich selten atmen höre …" Und ich klopfe, hämmere, werfe mich gegen die Tür. Mit den Jahren lerne ich, dass sie nur von innen zu öffnen ist. Und manchmal habe ich das Gefühl, dass genau das passiert: Sie öffnet sich, nur einen Spaltbreit. Und ich spüre die Wärme von dort, höre Stimmengewirr, sehe den Lichtspalt, der alles, was er trifft, in Gold taucht. Ich ahne: Da ist jemand, der mein Klopfen und Rufen hört. Auch das trägt, manchmal über lange Zeit.

Sonntagabend in einer vollen Kirche. Die Band hat schon Platz genommen, Powerpoint ist angeworfen. Ich stelle ein paar Stühle dazu – als Zivi habe ich den Schlüssel zum Stuhllager. Plötzlich kommt mein Chef auf mich zu. Jemand ist kurzfristig ausgefallen. „Hättest du Lust, den Segen zu spre-

chen?", fragt er mich. Ich sage ja – und bedauere es direkt wieder. Habe überhaupt keine Ahnung, wie das geht. Kriege vom Gottesdienst nur wenig mit, weil ich wie gebannt auf das Blatt Papier starre, auf dem die Worte aufgeschrieben sind. Am Schluss gehe ich mit weichen Knien nach vorne. Lege das Blatt auf den Notenständer vor mir, fummele am Mikrofon herum. Dann beginne ich: „Der Herr segne dich …" Ich merke: Meine Stimme trägt. Etwas geht durch mich durch. Und ich weiß in diesem Moment: Das soll ich machen.

Ich weiß nicht, wann das bei mir angefangen hat mit dem Glauben. Ich weiß, dass er sich verändert hat über die Jahre. Er ist facettenreicher geworden – und damit auch ein bisschen unübersichtlicher. Kantiger, nackter – aber dadurch auch ehrlicher. Die Sprach- und Gottesbilder, die mir etwas sagen, in denen ich mich wiederfinde, ändern sich mit der Zeit. Manchmal diskutiere ich immer noch mit Atheisten in Kneipen, auch wenn die späten Abende länger in den Knochen sitzen als früher. Wenn dann jemand zur Lilawolkenzeit leise sagt: „Weißt du … manchmal hätte ich gern so einen Glauben, das würde vieles einfacher machen …", kann ich nur müde abwinken: Mein Glaube macht nicht alles einfacher, sondern manches erst recht richtig kompliziert. Ich weiß nicht, wann das bei mir angefangen hat. Und ich wüsste auch nicht, wie es ohne gehen sollte. Aber ich ahne: Am Anfang stand ein „Ja". Und das war nicht meins.

06

CONNY SCHRÖDER

Jahrgang 1991, wurde in Duisburg geboren und lebt derzeit mit ihrem Mann in Bremen. Dort leitet sie „Ein Zuhause für Kinder" der evangelischen St. Matthäus-Gemeinde und engagiert sich in der Jugendarbeit. Kinder und Jugendliche auf ihren Lebensweg zu begleiten und ihnen auf kreative Art und Weise Gottes Liebe näherzubringen, ist ihre Leidenschaft und der Kern ihrer Arbeit.

Wohl doch kein Griff ins Klo

Wie jede gute Geschichte fängt auch meine mit einer aussichtslosen Situation an. Dabei hatte ich doch einen Plan! Ich wollte Pastorin werden, im hauptamtlichen Dienst die Welt verändern, Kinderheime in Afrika bauen, die coolsten Jugendfreizeiten durchführen, selbstverständlich mit zahlreichen Bekehrungen, ganz nebenbei noch meinen Traummann finden, christliche Kinderbücher schreiben und in den internationalen Predigtdienst gehen. Billy Graham war gestern, Conny ist heute!

Und wo war ich jetzt? Kniend hing ich über einer der vielen Kloschüsseln meiner Bibelschule und schrubbte unter Schweiß und Tränen die Hinterlassenschaften frommer Bibelschüler weg. Statt im Scheinwerferlicht gefeiert zu werden, jubelten mir nun höchstens die Klospülungen zu. Wenn ich nicht gerade Toiletten putzte, war ich einer Kinder- und Teeniearbeit zugeteilt, und das inzwischen seit drei Jahren. Jedoch: keine Bekehrungen, keine Übergabegebete. Ich stand nicht auf der großen Bühne und predigte, ich spielte lediglich Theater und hielt Kinderandachten. Für emotionale Predigten waren die Gitarre spielenden, gutaussehenden Hipster schon vorgesehen. Und wie war das mit dem Traummann? Während ich die Klobürste in die nächste Toilette schob, betrauerte ich mein nicht sehr vielversprechendes Liebesleben.

Im Kindergottesdienst erzählte ich den Kindern regelmäßig, wie wichtig es sei, in allen Lebenslagen auf Gott zu vertrauen und nicht aufzugeben. Ich folgte also meinem eigenen Rat und hörte während meiner Putzeinsätze fleißig meine Hörbibel. Und dann war da dieser Vers:

„Wer solch ein kleines Kind um meinetwillen aufnimmt, nimmt mich auf, und wer mich aufnimmt, nimmt meinen Vater auf, der mich gesandt hat" Markus 9,37 (NLB).

==Manche Verse kenne ich eigentlich in und auswendig, aber dann kommen Augenblicke, in denen sich genau diese Verse so anfühlen, als würde ich sie nicht nur zum ersten Mal hören, sondern auch, als würde der Heilige Geist mich direkt damit ansprechen wollen.== Jetzt wusste ich: Das war meine Berufung! Nicht Billy Graham war mein Ziel, sondern Mutter Theresa. Ich würde Kinder aufnehmen, die keine Eltern hatten.

Kurze Bestandsaufnahme: Ich hatte keinen Mann, kein Haus. Wie sollte ich Kinder aufnehmen? Brauchte ich eventuell eine pädagogische Ausbildung? Und woher sollten die Kinder kommen? Bedürftige Kinder waren in meinem christlich-akademisch sozialisierten Umfeld und im Umkreis der Bibelschule eher rar. Wie also sollte ich nun meine Berufung leben?

Hier wurde der erste Wendepunkt in meiner Geschichte eingeleitet. Zunächst musste ich mich auf das konzentrieren, was ich selbst beitragen konnte. So klapperte ich verschiedene Fachschulen ab, um eine pädagogische Ausbildung zu absolvieren. Mit Abitur, FSJ in der erzieherischen Hilfe, vielen Jahren ehrenamtlichem Engagement und Dutzenden zertifizierten Zusatzqualifikationen im Gepäck war ich sicher, dass die Schulen sich um mich reißen würden.

Pustekuchen.

Es war tatsächlich möglich, von einer Fachschule für Sozialpädagogik eine Absage mit der Begründung „überqualifiziert" zu bekommen. Bitter. Ich solle doch gleich ein Studium aufnehmen, sagten sie. Ich mit meiner Lese-Rechtschreibschwäche und meinem Hang, eher zu chillen als wissenschaftlich zu arbeiten! Also ausgerechnet ein Studium, das passte nun gar nicht in mein Lebenskonzept. Hatte ich das Wort Gottes doch falsch verstanden? War Mutter Theresa doch nicht meine Berufung, wenn es bereits an der Ausbildung scheitern sollte? Doch da hatte ich Gott unterschätzt. Wenige Wochen später bekam ich von einer Fachschule das Angebot, ein duales Studium zu absolvieren. Dadurch bekam ich die Möglichkeit, meine Erzieherausbildung in Kombination mit dem Bachelorstudiengang „Bildung und Erziehung in der Kindheit" zu absolvieren. Zu meiner Überraschung passten die Lerninhalte genau zu meinem Gaben- und Persönlichkeitsprofil. Die Berufung bestätigte sich dadurch immer mehr. Und wieder sollte Gott alle meine Erwartungen übertreffen: Neben Minijobs, Studium und Gemeindedienst kümmerte sich Gott auch noch fürsorglich um mein Liebesleben und stellte meine Love-Life-Balance wieder her! Ich lernte meinen Traummann kennen. Aufgrund der Belastung durch unsere Fernbeziehung verzichtete ich auf den Bachelor, startete in der erzieherischen Hilfe als Erzieherin durch und mein Mutter Theresa-Traum rückte in erreichbare Nähe. Es war perfekt.

Aber die Realität machte mir dann doch einen Strich durch die Rechnung. Schichtarbeit, Nachtdienst, Wochenenddienst und die Entfernung von der Familie zerrten an meinen Nerven, sodass mein Verlobter und ich uns spontan für einen Wohnortswechsel nach Bremen entschieden. Auf skurrilen Wegen schenkte Gott eine bezahlbare Wohnung und Arbeit in einer Krippe für die Erstversorgung. ==Doch meine Berufung, mit bedürftigen Kindern zu arbeiten, hatte ich weiterhin auf dem Herzen. Ausgerechnet in der Gemeinde, in der mein Verlobter als Pastorensohn aufgewachsen war, sollte sie Wirklichkeit werden.== Die evangelische St. Matthäus-Gemeinde hat sich zum Auftrag gemacht, sich um die Kinder aus dem Stadtteil zu kümmern. Jeden Tag öffnet das „Zuhause für Kinder" für die Familien vor Ort. Und ausgerechnet diese Arbeit suchte dringend eine neue Leitung. Nach vielem Grübeln, Gebetssessions und Gesprächen hatte ich mich entschieden: Ich würde mich auf die Stelle bewerben. Ein paar Wochen später war alles in trockenen Tüchern. Beim „Zuhause für Kinder" kann ich vollkommen in meiner Berufung aufgehen. Im Grunde beschreibt es die gesamte Kinder- und Teeniearbeit der Gemeinde. Dazu gehören zahlreiche offene Angebote, die sich auch an kirchenferne Familien richten. Neben Pfadfindern und unserem großen Winterspielplatz für Kleinkinder haben wir auch Angebote wie Hausaufgabenbetreuung, Flüchtlingshilfe, Sport- und Kreativangebote und die erlebnispädagogische Arbeit auf unserem Erlebnisspielplatz. Außerdem findet einmal pro Woche ein stadtteilorientierter Gottesdienst statt. Dabei begegnen wir Menschen mit unterschiedlichem kulturellen und religiösen Hintergrund. Wie der Name schon sagt, fühlen sich die Kinder bei uns zu Hause und dürfen sich mit ihren

Ideen und Begabungen einbringen. Die Stelle hier ist nicht nur ein Glücksgriff, sondern mein absoluter Traumjob! Hier wird genau das erfüllt, was mir Gott damals beim Kloputzen ins Ohr geflüstert hat.

Aber mehr als die Berufung, die ich durch einen Bibelvers aus Markus 9 erhalten habe, wird auch mein erster Wunsch komplett erfüllt: als hauptamtliche Mitarbeiterin in einer Gemeinde zu dienen. An manchen Tagen fühle ich mich wie Mutter Teresa, an anderen Tagen bin ich Billy Graham. Und dann gibt es auch die Tage, an denen ich wieder kniend über der Kloschüssel hänge, um die Hinterlassenschaften der Stadtteilkinder wegzumachen. Zurückblickend kann ich heute sicher sagen, dass Gott sich um die tiefsten Sehnsüchte meines Herzens kümmert und meinen Ehemann und mich führt und meine Berufung trotz Traumjob noch lange nicht beendet ist. Ich liebe es.

DR. FABIAN VOGT

Jahrgang 1967, ist Schriftsteller, Theologe und Künstler. Wenn er nicht gerade als Teilzeit-Pfarrer für die Evangelische Kirche „Kreative Kommunikationsprojekte" entwickelt oder als Kabarettist auf der Bühne steht („Duo Camillo"), schreibt er Romane, Kurzgeschichten, Theaterstücke und unterhaltsame Sachbücher, die am liebsten die Schnittmenge von Literatur und Theologie erkunden. Er lebt mit seiner Familie im schönen Vordertaunus bei Frankfurt.

Ich bin so frei!

Ja, ich glaube. Und wie! Ich kann zum Beispiel glauben, dass es einen Gott gibt, der sich unglaublich darüber freut, dass es mich gibt. Ausgerechnet mich. Eine wirklich erstaunliche, verwegene und folgenreiche Zusage. Besonders betörend finde ich dabei, dass mir das Vertrauen auf diese himmlische Daseinsberechtigung auch ein gesundes Selbst-Vertrauen schenkt: Wie schön, dass ich da bin. Vielleicht komme ich gerade deshalb immer mehr zu der Überzeugung: „Gewollt-Sein" gehört zu den größten Schätzen der menschlichen Existenz.

Aber nicht nur das. Ich finde das grundsätzliche „Gewollt-Sein" auch auf einzigartige Weise befreiend: Mein Glück – oder wie man fromm sagen würde: mein Heil – hängt eben nicht davon ab, ob ich bestimmten Leistungskriterien oder den Erwartungen anderer genüge. Ich freue mich zwar wie ein Schneekönig (nebenbei: Wie freuen sich eigentlich Schneekönige?), wenn mir Dinge gelingen, aber mein Wert als Person macht sich daran nicht fest. Der ist mir längst zugesprochen worden.

Dazu kommt: Weil es mir soviel bedeutet, mich selbst mit den Augen Gottes zu sehen, macht es mir auch Spaß, den Rest der Welt aus dieser Perspektive zu betrachten. Und das verändert so manches. Vor allem führt es dazu, dass ich mich als Teil einer Gemeinschaft, ja, mehr noch: einer großen Geschichte wahrnehme, zu der ich meinen Teil beitragen kann. Eine Einstellung, die obendrein die so angeregt diskutierte Sinn-Frage beantwortet: Wenn es gut ist, dass es gerade mich mit meinen Talenten gibt, dann könnte ich diese individuellen Talente ja auch zur Gestaltung der Welt einsetzen.

Natürlich bin ich mir bewusst, dass das Wort „Gott" im Lauf der Jahrtausende ziemliche Abnutzungserscheinungen erlitten hat. Vor allem hat man es zu oft benutzt, um dubiose menschliche Machenschaften damit zu rechtfertigen. Ich persönlich halte mich deshalb lieber an die biblische Formulierung „Gott ist die Liebe". Vielleicht könnte man auch (wie meine Frau) sagen: die „Lebendigkeit". Eine unbändige Kraft, die das Leben in allen Facetten fördern möchte. Und schon die Aufgabe, dem Geheimnis dieser Kraft auf die Schliche zu kommen, finde ich jeden Tag neu faszinierend.

Wahrscheinlich bin ich deshalb Schriftsteller geworden. Zudem hat ja schon Jesus deutlich gemacht, dass man das Göttliche mit schnöden menschlichen Definitionen ohnehin nicht beschreiben kann – sondern nur mit Geschichten. Mit Geschichten und Gleichnissen, in denen beim Eintauchen in das ganz und gar Menschliche etwas von Gottes grenzenlosen Möglichkeiten erfahrbar wird. So wie Gott selbst beschlossen hat, menschliche Gestalt anzunehmen, um die Kraft des „Lebendigen" anschaulich werden zu lassen.

Inzwischen erzähle ich Geschichten in ganz vielen Funktionen und Facetten: als Autor in Romanen und Sachbüchern, als Theologe auf der

Kanzel oder bei Veranstaltungen, als Kabarettist auf der Bühne und als Journalist im Radio. Aber eigentlich mache ich dabei immer das Gleiche: Ich hoffe, dass sich etwas von der göttlichen „Lebendigkeit" im Netz meiner Geschichten verfängt – und mir und anderen hilft, „das Weite zu suchen" … im Irdischen die bleibenden Spuren einer himmlischen Kraft zu entdecken, die über die und den Einzelnen hinausweist.

Weil Theologie und Biographie untrennbar zusammengehören, versuche ich des Öfteren zu ergründen, was mich eigentlich zum Glauben gebracht hat. Nun, ein Impuls könnte die Trennung meiner Eltern gewesen sein, die dazu führte, dass ich in der Kirchengemeinde und in der Jugendarbeit eine ganz andere Form von Familie gesucht habe; eine Familie, in der Vertrauen und das ehrliche Interesse am anderen erfahrbar werden. Die ich – zum Glück – auch gefunden habe.

Oder das schmerzhafte Ende einer Beziehung, in der ich sehr eindrücklich erlebt habe: Selbst wenn alles um mich zerbricht, kann mir keiner die Zusage der Liebe Gottes nehmen. Da war sie dann auch wieder, die Erfahrung: Wenn ich glaube, dass ich geliebt bin, dann ist dieser Glaube ein Schutzschild gegen die zerstörerischen Selbstzweifel, die einen gelegentlich befallen, etwa nach einer Trennung. Insofern kann die Kraft des Lebendigen mitunter sehr tröstlich sein. Beruhigend finde ich zudem: Obwohl mein Glaube sich mit jeder Geschichte verändert, erneuert, wandelt und entwickelt, begleiten mich einige „Glaubenssätze" schon sehr lange. Drei davon machen vielleicht etwas von dem deutlich, was mein Hoffen und Sehnen auszeichnet.

1. „Zur Freiheit hat uns Christus befreit!" Paulus

Ich habe meinen Glauben von Anfang an als eine befreiende Kraft erlebt. Als Befreiung von Ängsten, Sorgen, Unsicherheiten und unschönen Gewohnheiten. Darum ist die Freiheit für mich auch zu einem ultimativen theologischen Qualitätsmerkmal geworden: Ist das, was uns im Gottesdienst verkündet wird oder was wir in Gemeinden erleben, befreiend oder nicht?

Denn natürlich gibt es Glaubensformen, die einengen und das Individuum klein halten. So wie es gruselige Gottesbilder gibt, die Menschen bedrücken, anstatt sie zu „entfesseln". Die frohe Botschaft, die mich begleitet und die Paulus im Neuen Testament verkündet, sprengt dagegen alle Borniertheit auf und zeigt den Hörenden, wie sie ihre Möglichkeiten nutzen können. Diese grenzenlose Freiheit ist sicherlich eine der markantesten Eigenschaften göttlicher „Lebendigkeit".

2. „Liebe und tu, was du willst!" Augustinus

Ein Mensch, der mit sich, mit Gott und mit der Welt im Reinen ist, hat im Normalfall überhaupt keinen Anlass, irgendjemandem zu schaden oder seine Begierden auszuleben. Deshalb hat der Kirchenvater Augustinus schon im sechsten Jahrhundert die ultimative christliche Ethik formuliert: „Mach, was du willst – aber handle immer aus Liebe." Ein Grundsatz, der klüger ist als alle Gebote zusammen und der einlädt, Verantwortung zu übernehmen – zu prüfen, was in einer bestimmten Situation liebevolles Verhalten bedeuten kann. Mir hat dieser Leitsatz schon immer Mut gemacht, mutig und unerschrocken zu handeln.

Liebevoll eben. Mit der Gewissheit, dass zum Wesen des Christentums eine natürliche „Fehlerfreundlichkeit" gehört – sonst hätte Jesus ja die Vergebung nicht so inniglich betonen müssen. Martin Luther verließ sich auf diese grenzenlose Gnade Gottes so sehr, dass er einmal schrieb: „Sündige tapfer!" Also: Hab auch den Mut, mal was falsch zu machen! Lebe leidenschaftlich! Großartig. Zugegeben: Der Spruch geht noch weiter: „Sündige tapfer, aber glaube tapferer!" Aber auch darin verbünden sich die Freiheit und die Liebe gegen die Enge.

3. „Wo Glaube ist, da ist auch Lachen." Martin Luther

Die kleine Weisheit des Reformators hat es in sich: Glaube ohne Leichtigkeit gibt es nicht. Wer nicht voller Heiterkeit über sich selbst lachen kann, der hat das Wesentliche des Glaubens noch nicht verstanden. Dieser Wesenszug des Christentums ist mir als Kabarettist natürlich besonders nah. Gerade weil sich Glauben für mich immer mehr als ein Suchen nach der „Lebendigkeit" erweist, versuche ich seit fast dreißig Jahren, die vielfältigen Verkrustungen in Gesellschaft und Kirche in meinen Programmen provokant („provocare" heißt ja: herausrufen) beim Namen zu nennen, damit wir sie anschließend gemeinsam auslachen können.

Lachen heißt aber auch: Ich nehme mich nicht ganz so wichtig. Oder andersherum gesagt: Ich nehme meine eigenen Ecken und Kanten wahr – und verleugne sie nicht hilflos. Ich stelle mich dem, was von meiner Seite aus dem „Leben" im Weg steht, und vertraue darauf, dass Gott damit besser umgehen kann als ich. Bei mir sorgt das – alles in allem – für eine ziemlich heitere Grundstimmung. Und für Gelassenheit. Sprich:

Ich lasse gerne mal los. Weil ich glaube, dass da einer ist, der mich hält. Ja, ich glaube. Und ich würde auf meinen Glauben niemals verzichten wollen. Nicht nur, weil mir bislang keiner ein besseres Angebot zur Lebensbewältigung machen konnte. Beweisen kann ich Gott, meine Quelle der Lebendigkeit, nicht. Zumindest nicht mit menschlichen Erkenntnistheorien. Muss ich aber auch nicht. So, wie ich ganz froh bin, dass meine Frau und meine Kinder nicht jeden Tag von mir eine Begründung meiner Liebe einfordern. Sie wissen und sie spüren, dass ich sie liebe.

08

THOMAS ENNS

Jahrgang 1982, studierte Theologie in Bonn, zog dann für ein Jahr nach Kalifornien und engagierte sich in Santa Barbara für das Projekt „Food for the Poor" in verschiedenen Ländern wie Mexiko, Ägypten und Israel. 2006/2007 nahm er an der vierten Castingshow von „Deutschland sucht den Superstar" teil und schaffte es unter die letzten zehn Talente. Heute ist er zusammen mit seiner Frau Florence Joy und seinem Bruder Jonathan Musiker der deutschsprachigen Band Koenige & Priester.

Kommunikationsexperte Gott

Den ganzen Tag hatten mein Bruder Jonathan und ich beim Casting für die TV-Show „Deutschland sucht den Superstar" in Köln verbracht. Das Vorsingen lief gut, die ganze Warterei war zwar nervig, aber als am Abend dann endlich die Kandidaten verkündet wurden, die zum offiziellen Vorsingen mit Dieter Bohlen und Co. ins Fernsehen eingeladen wurden, waren die Namen Jonathan Enns und Thomas Enns dabei. Wir waren glücklich.

Doch das Glück währte nur kurz. Denn als feststand, wann die nächste Castingrunde starten sollte, blickten wir uns schockiert an: An diesem Datum konnten wir unmöglich dabei sein. Ein sehr wichtiger familiärer Termin blockierte unseren Weg in die RTL-Primetime! Nichts zu machen. Das war es dann wohl. Wir waren enttäuscht.

Als die Verantwortlichen des Senders von unserer Misere hörten, geschah das scheinbar Unmögliche: Der Sender verlegte das Casting. Nur unseretwegen! Unfassbar. Jonathan und ich konnten doch dabei sein. Dieses Erlebnis war eine Offenbarung für mich. Im wahrsten Sinne des Wortes. Es hatte gar nicht direkt etwas damit zu tun, dass sich da gerade die Tür zur großen Showbranche einen Spaltbreit geöffnet hatte. Es hat mir eher die Tür zu einer völlig neuen Verbindung zu Gott aufgestoßen.

Eine Verbindung, wie ich sie vorher noch nie erlebt hatte. Ich spürte, dass Gott mir durch den zu unseren Gunsten verschobenen Termin etwas mitteilen wollte. Ich fühlte zum ersten Mal in meinem Leben so etwas wie Gottes deutliches Eingreifen in meinem Leben. Das war ich durch meine bisherige christliche Prägung nicht gewohnt. Musik hatte als kreative und emotionale Form des Gotteslobs in meinem Leben zwar schon immer eine große Rolle gespielt, es war aber grundsätzlich doch eher ein konservativer Glaube, der in meiner Familie und meiner Kirche gelebt wurde.

Ich bin in einer Kirchengemeinde aufgewachsen, in der man den Standpunkt vertrat, dass Gott heute nur noch durch die Bibel spricht. Deshalb hatte sich in meinen Gedanken festgesetzt: Gott kannst du nur erleben und hören, wenn du in der Bibel liest. Das war auch überhaupt kein Problem für mich. Durch meine Prägung stand ich anderen Frömmigkeitsstilen eher skeptisch gegenüber. Dass sich Gott in einer anderen übersinnlichen Form in meinem Leben zeigt, hätte ich niemals erwartet.

Dieses neue Glaubensgefühl ging einher mit dem Leben eines Popstars, der ich nie sein wollte. Über 28.000 Sängerinnen und Sänger hatten sich für die vierte Staffel der erfolgreichen Sendung beworben. Jonathan und ich kämpften uns von Runde zu Runde und gehörten schließlich zu den letzten zehn Kandidaten. Wir spielten die großen Liveshows und wurden ordentlich gehypt. Ich habe gespürt, dass Gott da war. Und zwar während meiner gesamten Zeit bei DSDS. Es erfordert eine unheimliche Konzentration, wenn man kurz davor steht, vor den Augen von über acht Millionen Menschen die Bühne zu betreten. Aber er navigierte mich förmlich durch diese Monate. In Interviews konnte ich über meinen Glauben reden und auch in den Zeiten, in denen die Kameras aus waren, habe ich mich getragen gefühlt.

Und dann kam der Tag, als ich aus den Liveshows flog.
Bis dahin hatte es sich angefühlt, als hätte man mich ins All geschossen. Ich wurde innerhalb kürzester Zeit durch Sphären katapultiert, die ich mir nicht mal in meinen kühnsten Träumen hätte ausmalen können. Es fühlte sich gut an, ganz oben zu sein. Nur leider hatte man vergessen, mir zu sagen, dass ich besser einen Fallschirm mitgenommen hätte, denn der Fall von ganz oben ist ein brutaler Sturz, der sehr wehtut.

Der Traum war vorbei.

In den Tagen danach fühlte ich mich komisch, ausgenutzt, leer und vergessen. Ich fand im Fernsehen nicht mehr statt und sah zu, wie der Sänger Mark Medlock die Show gewann. Aber das war nicht der Hauptgrund, der in mir diese Leere erzeugte. Ich gönnte es Mark von Herzen. Klar war ich auch enttäuscht und traurig, nicht mehr dabei zu sein. Aber das Schlimmste war etwas ganz anders: In dem Moment, als ich die Show verlassen musste, hatte ich das Gefühl, dass auch Gott mich aus seiner Show geschmissen hatte. Ich spürte ihn nicht mehr. Unsere Verbindung war wie abgeschnitten.

Tage und Wochen vergingen und ich spürte Gott immer noch nicht. So bestand mein Gebet in dieser Zeit nur aus diesem einen Satz: „Gott, zeig mir, dass du da bist!" Er war mein einziger Kontakt zu Gott – und der fühlte sich ziemlich einseitig an.

Einige Wochen später saß ich mit meiner damaligen Verlobten und heutigen Frau Florence im Auto. Direkt am Rhein. Wir haben gequatscht. Über Gott und die Welt. Sie hat eine ganz andere christliche Prägung, ist in einer Freikirche aufgewachsen, in der Prophetien und Gotteserfahrungen im alltäglichen Glaubensleben eine große Rolle spielen. Sie erzählte mir an diesem Tag von einer Zusage, die sie zwei bis drei Wochen bevor wir uns kennenlernten von Gott bekommen hatte. Die Frau eines Pfarrers in Miami sagte zu ihr: „Bald wirst du einen Mann kennenlernen, mit dem du eine wunderschöne Familie haben wirst, und er wird ein großer Worshipper sein." Damit war dann wohl ich gemeint.

Während sie mir das erzählte, wirklich in genau diesem Moment, hörte ich eine Stimme, die wie aus dem Nichts direkt zu mir sagte: „Thomas, ich habe dich nie fallen gelassen!" Noch mal: Ich kannte solche Formen der Gotteskommunikation bis dahin nicht. Mir wurde immer gesagt: Prophetisches Reden gibt es nicht mehr. So war ich skeptisch, wenn mir Menschen von solchen Erfahrungen berichteten. Außerdem hatte ich gerade wochenlang nichts von Gott gehört und mich wie ein kleines Kind an ein Gebet geklammert, welches ich in Wiederholungsschleife immer und immer wiederholte. Mitten hinein in mein Gedankenchaos kam diese Stimme, die wie eine Wolke über dem Rhein schwebte und so liebevoll und warm, aber eindringlich sprach.

Das hat mich umgehauen. Es war für mich die Antwort auf mein wochenlanges Gebet. Ich musste heulen wie ein Schlosshund. Es war, als würde ich der Sonne näherkommen; dieser Kraft, dieser Wärme, die in diesem Fall aber nicht zerstörerisch war, sondern heilend. Eine Liebe nicht von dieser Welt. Meine Frau hat mein Zusammenbruch nicht überrascht. Sie nahm die Stimme zwar nicht so akustisch wahr wie ich, spürte aber, dass dies ein heiliger Gottesmoment war.

Seit diesem Erlebnis bin ich mir sicher, dass Gott auch heute noch zu mir spricht. Und zwar nicht nur durch die Bibel. Er ist der Erfinder der Kommunikation und kann sich individuell auf uns Menschen einstellen. Er hat Humor und zeigt sich so, wie ich es nie erwartet hätte. Frömmigkeitsstilübergreifend in meinem Fall. Er begegnete meiner Skepsis mit seiner Liebe.

Und ich bekam in diesem Moment einen tiefen Frieden geschenkt. Ich wusste: Ich kann darauf vertrauen, dass Gott mich nicht fallenlässt.

Und mit diesem Frieden bin ich immer noch unterwegs. Es ist kein Frieden, der mich in Watte packt und mit einem verträumten und seligen Lächeln durch den Alltag wandeln lässt. Nein, dieser Friede, gepaart mit dem Vertrauen, muss sich immer wieder bewähren. Das äußert sich ganz praktisch in familiären Dingen, die uns als freiberufliches Musikerehepaar mit mittlerweile vier Kindern immer wieder an die Grenze unserer Belastbarkeit führt. Aber der Frieden, das Vertrauen und das Gefühl der heilenden Liebe bleiben. Das gibt mir Kraft und Zuversicht. Ich nehme diese Kraft mit in jeden Winkel meines Schaffens, auch in mein Schaffen als Musiker. Seit einigen Jahren sind wir als Band Koenige & Priester unterwegs. Neben meiner Frau und mir sind mein Bruder Jonathan und vier andere Musiker mit dabei. Wir erleben in unserem Unterwegssein ebenfalls diesen Frieden, dieses Vertrauen und diese Liebe. Egal ob im ZDF-Fernsehgarten in Mainz oder beim Worshipkonzert in Pforzheim – es ist uns ein Anliegen und eine Ehre, davon zu singen und so mit unseren Möglichkeiten von Gottes verschiedenen Kommunikationsmöglichkeiten zu berichten und sie immer wieder selbst hautnah zu erfahren.

Manchmal werde ich gefragt, ob es nicht sein könnte, dass ich mir Gottes Reden nur einbilde. Dass die Art und Weise, wie ich mit Gott kommuniziere, nur ein Hirngespinst ist. Ich nehme diese Frage ernst. Nicht umsonst heißt es Glauben und nicht Wissen. Ich antworte dann, dass ich bei der Betrachtung meines bisherigen Lebensprozesses sicher bin, dass es Gott ist, der mein Leben prägt und begleitet. Leichtfertig würde ich so etwas nicht behaupten. Genauso schwierig finde ich es, wenn Gotteserfahrungen direkt angezweifelt und als schwärmerisch abgetan werden. Wichtig ist eine persönliche Auseinandersetzung mit der Frage nach Gottes Handeln in dieser Welt oder nach der Frage, ob es ihn überhaupt gibt. Ich bin davon überzeugt, dass Gott sich auch heute noch zeigt und spricht, wenn man sich mit ehrlichem Herzen auf die Suche begibt. Beweisen kann und will ich das nicht. Aber ich will von dem berichten, was ich mit Gott erlebe. Auf und neben der Bühne. Als Musiker und als Mensch. Auf meiner Reise des Lebens. Mit allen Höhen und Tiefen. Und mit einem Frieden, der alle Vernunft übersteigt.

09

JONNES

Jahrgang 1992, Musiker. Er schreibt deutschsprachige Texte, um die Gedanken seines Herzens zu verstehen. Nach einem prägenden Jahr 2010 wurden seine zuvor noch englischsprachigen Songs persönlicher und er fing an, in seiner Muttersprache zu schreiben. Jonnes ist in Schleswig-Holstein geboren, studierte Theologie am Theologischen Seminar Rheinland und lebt seit 2015 in Ludwigsburg.

Mut

Vielleicht wieder nach Berlin

Ich spüre alles andere als Leere in mir selbstbetrügerisches Grübeln
Sind alle Gedanken berechtigt in mir? Passiert nichts ohne Grund?
Vielen Dank für die Lieder und Worte in mir ich versuche sie zu händeln
Ich weiß noch nicht ganz ob Segen oder Fluch – fang in mir an aufzuräumen

Gott hat mir niemals seine Liebe entzogen um mich zu erziehen
Der Mensch denkt doch Gott lenkt wenn ja dann wohin?
Vielleicht wieder nach Berlin?
Oh mein Gott wenn ich wüsste was das Chaos in mir soll
es schmeckt wie Medizin
Alle Wege führen nach Rom doch ich will da nicht hin
Dann lieber wieder nach Berlin
Vielleicht wieder nach Berlin

Zu viele Gedanken ohne dass sich etwas tut
Stillstand bleibt wenn nichts geht
Zu viele Geschichten ohne Wirkung im Blut
Sag mir wo führt das hin?
Auch wenn dieser Faden nicht rot zu sein scheint folge ich ihm
Dann wird irgendwann auch das Chaos in mir wieder kapitulieren

Gott hat mir niemals seine Liebe entzogen um mich zu erziehen
Der Mensch denkt doch Gott lenkt wenn ja dann wohin?
Vielleicht wieder nach Berlin?
Oh mein Gott wenn ich wüsste was das Chaos in mir soll
es schmeckt wie Medizin
Alle Wege führen nach Rom doch ich will da nicht hin
Dann lieber wieder nach Berlin
Vielleicht wieder nach Berlin

Jede Regung meiner Seele jeder Stillstand der bewegt
sei es Rom oder Castrop-Rauxel ich bleib bei mir wenn ich geh
Gott hat mir niemals seine Liebe entzogen um mich zu erziehen
Der Mensch denkt doch Gott lenkt wenn ja dann wohin?
Vielleicht wieder nach Berlin?
Oh mein Gott wenn ich wüsste was das Chaos in mir soll
es schmeckt wie Medizin
Alle Wege führen nach Rom doch ich will da nicht hin
Dann lieber wieder nach Berlin
Vielleicht wieder nach Berlin

(aus dem Album „Unfassbar nach" von Jonnes)

Als ich dieses Lied im September 2017 mit meinem Freund Marco schrieb, wusste ich bereits, dass ich noch meinen Kindern vom Jahr 2018 erzählen würde! Es würde das Jahr sein, in dem ich meinen ersten Plattenvertrag unterschrieb, die Musikarbeit im Jesustreff Stuttgart übernahm, mein WG-Zimmer hinter mir ließ und vor dem Altar zu meiner Julia sagte: „Ab jetzt nur noch mit dir!".

Damals war das alles noch nicht passiert, doch es stand bereits im Raum und ich sah diese offenen Türen vor mir, durch die ich einfach nur noch durchgehen musste.

Und genau das ist oft mein Problem.

Ich bin sehr verkopft. Andere würden es als „analytisch" bezeichnen, ich nenne es manchmal überanalytisch. Ich kann selten begreifen, wann ich konstruktiv analysiere und ab wann ich mich verlaufe. Sind alle Gedanken berechtigt in mir? Oder sollte ich manchmal lieber einfach schlafen gehen?

In diesem Chaos der Gedanken und Entscheidungen schrieb ich dieses Lied. Ich, mittlerweile 25 Jahre alt, wusste, dass die Ereignisse und die damit verbundenen Entscheidungen im Jahr 2018 weitreichende Folgen haben werden. Das hat mich etwas gestresst. Denn auch wenn ich auf diese Ereignisse und Entscheidungen hingearbeitet habe, so fragte ich doch immer mal wieder: Ist das alles richtig so, wie es läuft? Und: Welche Rolle spielt Gott bei dem Ganzen eigentlich? Ich glaube an den biblischen Schöpfer-Gott, der uns liebt. Und ich glaube, dass er der Ursprung der Liebe ist und ich glaube auch, dass in dem Tod und in der Auferstehung von Jesus seine Liebe zum Höhepunkt kommt, da durch diese Tat die Trennung zwischen Mensch und Gott aufgelöst wurde. Das klingt vielleicht noch ziemlich theologisch-theoretisch, hat aber Folgen für mein Leben. Denn weil ich glaube, dass dieser Gott eine Relevanz in meinem Leben hat, ist es mir wichtig, ihn zu fragen: Was denkst du denn so über meine Lebensplanung? Hast du überhaupt einen konkreten Plan für mein Leben?

Und wenn ich dann schon mal dabei bin, verliere ich mich in den Fragen und denke weiter:

Und wenn du einen Plan hast, kann ich mich an solchen Weggabelungen, wie diese im Herbst 2017, gegen deinen Plan entscheiden? Widersprechen mein aktueller Lebensverlauf und meine aktuelle Lebensführung vielleicht schon jetzt deinem Willen?

Ihr merkt, dass ist ganz schön anstrengend. Ich glaube, ich stelle mir die Frage nach Gottes Willen für mein Leben oft, weil ich so etwas wie Gewissheit oder Sicherheit haben möchte. Die Gewissheit, dass hier in meinem Leben gerade schon alles richtig läuft. Ich möchte sicher gehen, dass ich nichts falsch mache und am liebsten die Verantwortung abgeben, um dann sagen zu können: „Gott, du wolltest doch, dass ich auf die Bibelschule gehe, um dann Pastor in Castrop-Rauxel zu werden!"

Allerdings habe ich die Erfahrung gemacht, dass ich diese Sicherheit nicht bekomme und dass dieses Streben nach Sicherheit nicht der Grund ist, warum ich an Gott glaube. Warum ich immer noch oder manchmal auch trotzdem glaube? Weil der Glaube an einen liebenden Schöpfer-Gott mir Mut zur Hoffnung gibt. Dass ich einen Allmächtigen als Gegenüber habe, der Ursprung der Menschheit ist und mich liebt, das gibt mir Mut.

Und deshalb glaube ich, dass das Geheimnis des Vorankommens oftmals etwas mit dem ersten Schritt zu tun hat. Auch, oder gerade dann, wenn die Gewissheit nicht da oder der Erfolg nicht immer gewährleistet ist. Das kostet mich, dem verkopften Jonnes, oft extrem viel Überwindung. Aber was würde sich ändern, wenn ich nicht glauben würde? Meine Sorgen und Ängste in meinem Leben wären größer. Ich lebe seit 2015 von meiner Musik. Diesen mutigen Schritt hätte ich nicht gemacht, wenn ich nicht darauf vertrauen würde, dass da jemand ist, der mich halten kann, wenn ich falle. Das weiß ich nicht, aber ich glaube es, denn ich habe es in meinem Leben schon oft erlebt und deshalb halte ich mich an der Hoffnung fest. Wenn ich das nicht glauben würde, hätte ich alle meine Entscheidungen wahrscheinlich dem Faktor Sicherheit untergeordnet. Ich hätte vermutlich irgendwas „Solides" studiert, um ein sicheres Einkommen zu beziehen, um danach die Karriereleiter höher klettern zu können, um mehr Geld zu verdienen, denn Geld bedeutet oft Sicherheit. Aber durch den Glauben, die Hoffnung und ein Vertrauen, das mir manchmal als Naivität ausgelegt wird, kann ich meiner Leidenschaft nachgehen und Songs für mich und die Welt schreiben.

Ich glaube, dass Angst oder die Sehnsucht nach Sicherheit oft lähmen. Klar, Sicherheit kann gut sein und auch Angst ist der Instinkt, der uns manchmal davor bewahrt, uns an den heißen Herdplatten des Lebens zu verbrennen. Jedoch ist Angst oft der Ursprung von Eifersucht – die Angst, zu kurz zu kommen. Angst ist der Ursprung von Grenzen, die wir immer höher ziehen an unseren Landesgrenzen und Nachbarzäunen. Angst kann Liebe zerstören. Mein Glaube hilft mir, mich von dieser unkonstruktiven Angstlähmung zu lösen, die mich mein Leben in (vermeintlich) sicheren Bahnen leben lässt. Er stärkt die Hoffnung und das Vertrauen in mich, mein Leben und meine Umwelt. Und dieser Glaube gibt mir den Mut, den ich brauche, um mich zu verändern und um Schritte vorwärts zu gehen und auch um manchmal einem Faden zu folgen, der auf den ersten Blick nicht unbedingt rot zu sein scheint. Und so kann ich mich, wenn demnächst neue Entscheidungen und Erlebnisse anstehen, auf die Zukunft freuen. Auf das, was mein liebender Schöpfer für mich in Liebe vorbereitet hat. Auch als verkopfter Musiker, dessen Gedanken immer mal wieder Achterbahn fahren.

Übrigens: Wenn ich einmal Kinder haben sollte, dann werde ich ihnen tatsächlich von dem legendären Jahr 2018 erzählen. Denn mein Debütalbum hat sich angefühlt wie ein zweiter Geburtstag im Jahr und meine Julia zu heiraten, war der kostbarste Schritt, den ich aufgrund von Liebe, Hoffnung und einem Stück Naivität in diesem Jahr gegangen bin.

MARTIN NOWAK

Jahrgang 1959, arbeitete nach dem Abitur zunächst als freier Aufnahmeleiter für diverse ZDF-Fernsehspiel-Produktionen, später als Regieassistent und Regisseur beim Theater. Er absolvierte ein Regie-Volontariat beim WDR in Köln, wo er anschließend als Regisseur angestellt war. Heute ist er freier Regisseur, Berater für Medienunternehmen, Dozent und Produzent für Fernsehen und Internet-TV. Seit einigen Jahren engagiert er sich ausschließlich für nachhaltige, ethisch wertvolle Projekte.

Verloren und wiedergefunden

„Einmal zur Grugahalle bitte." – Mit diesen Worten steigt ein Fahrgast an einem scheinbar ganz normalen Tag in mein Taxi. Ich drücke auf das Taxameter und schon geht's los. Wir kommen ins Gespräch. Er arbeitet beim Film. Ich werde aufmerksam. Das ist genau das, was mich interessiert. Als der Fahrgast aussteigt, habe ich einen Kontakt in die Filmbranche in der Tasche und wenig später setze ich einen ersten Schritt auf ein waschechtes Filmset. Ich arbeite als Kaffee-Boy und Laufbursche für eine namhafte Produktionsfirma. Zu der Zeit bin ich eigentlich hauptberuflicher Student der Theologie und kutschiere nebenbei Menschen durch meine Heimatstadt Essen, um mir meinen Lebensunterhalt zu verdienen.

Mein erster Tag am Set infiziert mich mit dem Filmvirus und ich bin mir sicher: Das ist meine Berufung. Ich breche wenig später mein Theologiestudium ab. Ganz oder gar nicht. Mein Ziel: ein Jahr lang alles versuchen, um mich in der Filmwelt zu etablieren. Wenn ich danach immer noch Kaffee hole, dann mache ich was anderes.

Aber bis dahin bin ich mir für nichts zu schade und das bleibt nicht unentdeckt. Außerdem scheine ich tatsächlich Talent und ein künstlerisches Gespür für den Film zu haben und so werde ich relativ schnell dritter Regieassistent, dann zweiter und schließlich erster Assistent des Regisseurs. Ich bin selig.

Als ich von einer Regieausbildungsausschreibung des WDR höre, bewerbe ich mich direkt und werde als einer von fünf Glücklichen aus 1000 Bewerbern ausgewählt. Nach diesem Volontariat werde ich als Regisseur fest vom WDR übernommen. Ich bin zu der Zeit 27 Jahre alt und ab sofort führe ich bei Sendungen wie der „Aktuellen Stunde" oder dem „Presseclub" Regie. Später folgen Unterhaltungssendungen mit Rudi Carrell, Alfred Biolek und vielen anderen.

Nach knapp drei Jahren kündige ich, arbeite ab sofort als freier Regisseur für das ZDF und verantworte mit 31 Jahren Abendshows wie „Die volkstümliche Hitparade" mit traumhaften Einschaltquoten und einem traumhaften Gehalt. Es ist eine Erfolgsstory. Vom Taxifahrer zum Starregisseur. Aber … Nein! Kein aber. Ich habe das wirklich genossen. Den Erfolg, das Geld und das ganze Medienumfeld. Es gab kein „Aber". Es gab nur ein „Und". Denn ich war Regisseur *und* Pastorensohn. Als solcher hatte ich biblische Geschichten und Gebet mit der Muttermilch aufgesogen und war wie selbstverständlich Christ.

Ich meinte es wirklich ernst mit meiner Beziehung zu Gott. Ich wollte meine Gaben und Talente für ihn einsetzen und auch meine Karriere beim Fernsehen hatte ich ihm zu verdanken. Dessen war ich mir absolut sicher. Die Gemeinde meiner Eltern wuchs und war als „Vorzeigefreikirche" in ganz Deutschland bekannt. Ich war beliebt, leitete Jugendgruppen und den Chor, verantwortete Musicalproduktionen und war geistlicher Mentor für viele Menschen in der Gemeinde.

Doch die Folgen einer persönlichen und geistlichen Tragödie, an der ich zugegebenermaßen auch einen gehörigen Anteil hatte, führten dazu, dass ich meinen Glauben komplett über Bord schmiss. Meine Gemeinde fing mich in dieser Situation nicht auf, sondern begegnete mir mit Ablehnung, ja, teilweise sogar blankem Hass. Es war eine schwere Zeit voller Enttäuschungen und Desillusionierung. Menschen, denen ich vertraut hatte, wollten nichts mehr mit mir zu tun haben. Freundschaften sind zerbrochen und meine Beziehung zu Gott wurde blasser und blasser, bis sie überhaupt keine Rolle mehr in meinem Leben spielte.

Mein beruflicher Erfolg wurde mein einziger Halt. Mittlerweile war das Privatfernsehen auch in Deutschland angekommen und ich arbeitete für RTL, führte bei der „Dirk Bach-Show" Regie und habe Soaps wie „Unter uns" als entwickelnder Regisseur betreut. Die Karrierekurve zeigte weiterhin steil nach oben. Ich genoss das Leben, reiste viel, hatte wechselnde Beziehungen. Eine Sendereihe unter meiner Regie gewann den Grimme-Preis, ich war beliebt und gefürchtet. Nach weiteren Jahren schlich sich immer mehr Langeweile in meinen beruflichen Alltag. Das Medium Fernsehen fing an, seinen Reiz zu verlieren. Ich stieg in die Internetbranche ein, gründete eine Firma und arbeitete als Medienberater. Ich war mittlerweile 38 Jahre alt.

Und dann saß ich eines Abends in meiner luxuriösen alten Wassermühle im Bergischen Land. Ich war im Begriff auszuziehen, hatte meine Umzugskisten gepackt. Das Haus war viel zu groß für mich alleine. Das spürte ich in diesem Moment wieder einmal deutlich. Ich hatte alles und war trotzdem nicht zufrieden. Eine Rastlosigkeit hatte sich in mir breit gemacht. Mein Leben fühlte sich an wie eine rasante Karussellfahrt, die sich immer wiederholt. Neue Runde, neues Glück. Neue Show, neue Beziehung, aber es hat mich nicht erfüllt. Ich stieg aber trotzdem immer wieder in das Karussell in der Hoffnung, dass es irgendwann mal eine andere Route nehmen würde.

Und diese andere Route kam. Ich wurde an diesem Abend mit Volldampf vom Karussell gestoßen. Wie aus heiterem Himmel wurde ich von einer unnachahmlichen Kraft ergriffen. Es war eine Gottespräsenz, die mich völlig kalt erwischte. Bis dahin hatte ich jahrelang nichts mehr mit Gott zu tun. Zumindest ich hatte den Kontakt abgebrochen. Gott scheinbar nicht. Denn ich spürte, dass er es war, der den Kontakt wieder aufnahm.

Ich muss ehrlich zugeben: Wenn ich als Filmregisseur so eine Szene, wie ich sie an diesem Abend erlebte, inszenieren müsste, würde ich sie als zu kitschig ablehnen und den Drehbuchautor wahrscheinlich feuern. Aber sie hat sich genau so in meine Erinnerung eingebrannt: Ich erlebte eine Gottesbegegnung, die mich umhaute. Im wahrsten Sinn des Wortes. Ich spürte sie körperlich und es hat mich auf den Boden geworfen. Mit dem Gesicht nach unten lag ich auf dem Fußboden und in mir brach alles zusammen. Ich weinte bitterlich und es war so, als spreche jemand zu mir: *Martin, was machst du aus deinem Leben? Du wolltest so tolle Sachen für mich machen und was ist jetzt daraus geworden?*

Ich habe diesen Eindruck als Gottes Stimme wahrgenommen und lange mit ihm gerungen. Ich habe mich ertappt gefühlt, habe versucht, mich rauszureden. Aber es hat nicht funktioniert. Ich habe geweint und geflucht, gebetet und geschwiegen. Als ich mit meiner Kraft am Ende war, habe ich geflüstert: „Herr, wenn du mich überhaupt noch gebrauchen kannst, dann will ich dir folgen. Meine Karriere ist mir scheißegal, ich gehe auch nach Afrika und baue dort Brunnen, wenn du das möchtest.“

Dieser Prozess, diese Gottesbegegnung dauerte mehrere Tage. Mit der Zeit wurde ich ruhiger und spürte so etwas wie Hoffnung. Aber meine Verletzungen, die ich so lange weggedrückt hatte, meldeten sich wieder. Der Gemeindeausschluss, meine Rebellion gegen Gott kamen wieder hoch. Ich bekam Schuldgefühle.

Doch auch die Hoffnung blieb. Sie wurde erstaunlicherweise auch dann nicht zunichtegemacht, als ich wenige Tage später eine Hiobsbotschaft nach der anderen bekam. Jobs brachen weg, Aufträge blieben aus. Die Hoffnung nicht. Und ich hatte auch nicht den Eindruck, mich beruflich verändern zu müssen. Die Jobsituation bekam ich schnell wieder in den Griff. Ich änderte auch mein berufliches Portfolio nicht, gründete eine Firma und bin seit Jahren erfolgreich als selbstständiger Produzent und Regisseur unterwegs. Allerdings beschränke ich mich seit einigen Jahren nur noch auf Produktionen, die ich als ethisch wertvoll bezeichne. Das ist mein ganz persönlicher Gradmesser, den ich von niemand anderem erwarte, aber ich fühle mich großartig damit.

Das klingt jetzt ein bisschen nach „... und er lebte glücklich und zufrieden bis an das Ende seiner Tage." Und das stimmt auch. Zumindest bedingt. Ich fühle mich sehr gesegnet und bin dankbar für mein Leben. Ich habe eine tolle Frau, wir haben einen wunderbaren Sohn und ich liebe meine Arbeit in der Filmbranche. Ich finde es wichtig, das auch zu benennen. Klar gibt es schwere Zeiten, Durststrecken, Zweifel und mein Glaube an Gott verändert sich immer mal wieder. Ich musste auch meine Vergangenheit bearbeiten und das hat ganz schön Kraft gekostet. Ich merke aber, dass ich durch meinen ganz persönlichen Gottesmoment eine Gewissheit bekommen habe, die mich spüren lässt: Gott ist es völlig egal, ob ich ein berühmter Regisseur bin oder ein ambitionierter Sohn eines Pastors. Ihm ist es egal, ob ich Preise im Regal stehen habe oder eine hohe Einschaltquote aufweisen kann. Er sieht und liebt mich einfach so, wie ich bin. Ich muss ihm nichts beweisen und ich muss mich nicht vor ihm verstecken. Selbst wenn ich ihn mal aus den Augen verliere: Er ist da! Und das trägt mich bis ans Ende meiner Tage und darüber hinaus.

MARCO MICHALZIK

Jahrgang 1985, lebt in Darmstadt. Er ist Spoken-Word-Künstler und Songwriter. Seine Texte sind auf etlichen Buch- und CD-Veröffentlichungen zu lesen und zu hören. Er ist Leiter einer inklusiven Schreibwerkstatt und auch darüber hinaus als Workshopreferent zu Themen rund um Poetry Slam, kreatives Schreiben und Spiritualität unterwegs.

Wortlos

Da sind keine Worte für dich
aber
bei dir verorte ich mich

Ich bin ein Wortliebhaber. Das ist erstmal nicht weiter überraschend, bedenkt man, dass das allermeiste, was ich gerade in meinem Leben tue, aus dem wie auch immer gearteten kreativen Aneinanderreihen ebensolcher Worte besteht.

Ich schreibe. Versuche Formulierungen zu finden für große und kleine Gedankenfäden, die sich von wo auch immer in meinen Kopf hinein schlängeln.

Nicht selten sind das auch Gedanken über meinen sogenannten Glauben. Mitunter auch über meine Zweifel. Und oft ist das vielleicht sogar dasselbe. Und irgendwie fängt es da auch schnell an ganz schön frustrierend zu werden. So oft fehlen mir die Worte bei dem sowieso vermessenen Versuch, Gott zu denken oder in Sprache zu pressen. Angesichts dieses Wesens sprachlos zu sein, frustriert und tröstet mich gleichermaßen. Mal ist es das verstandsübersteigende bezaubernd-bewunderte Staunen, das mir die Kapitulation abringt, in der Gewissheit, dass selbst die besten Worte hier nicht mal die Oberfläche dessen ankratzen, was ich eigentlich sagen möchte. Und vielleicht ist Schweigen dann in solchen Momenten auch mein bestes Gedicht und mein passendstes Gebet oder Lobpreislied.

Mal verschlägt mir aber auch der nagend fragende Zweifel, der mitunter sogar als verzweifelte Wut daherkommt, die Sprache. Angesichts so himmelschreiender Ungerechtigkeit, Kriege, Katastrophen, Hass und Angst einen liebenden Gott in die Gleichung mit einzubeziehen, frustriert und tröstet mich gleichermaßen. Der Glaube an einen liebevollen Vater im Himmel scheint mir dann genauso abwegig wie das Vertrauen auf einen gerechten Richter, dem alles möglich ist und der alles im Blick hat und mich in seiner Hand hält. Ein Gott, der auf meine Warums nicht antwortet und mich einmal mehr wortlos zurücklässt, nachdem der Nachhall meiner Fragensalven verpufft ist.

Das biblische Schöpfungsgedicht beginnt mit dem Bild eines finsteren Nichts, eines lodernden Chaos, einer tiefwogenden Leere. Bis schließlich mit einem Mal die Gottperson die Bühne betritt. Erstes Buch. Szene 1. Der allererste Akt. Ich stelle mir das ein bisschen so vor wie die Momente, bevor ein Konzert losgeht. Die Menge steht ungeduldig vor der Bühne. Das Saallicht ist noch an, aber die Band lässt seit Minuten auf sich warten. Kurzer Beifall und ein Raunen geht durch den Raum, jedes Mal wenn irgendjemand über die Bühne läuft, ein letztes Mal ein Instrument stimmt oder die Nebelmaschine testet. Dann geht das Licht auf der Bühne an. Die Stimmung ändert sich. Der erste Akkord erklingt. Und es wird lebendig.

Die erste Information über Gott, die dieses Buch preisgibt, hat mit Worten und mit Sprache zu tun. Gott betritt die Szenerie und – *spricht Worte.* Und die Geschichte geht dann so, dass durch diese Worte Leben und Sinn, Schönheit und Ordnung, Sterne und Sandkörner, Galaxien und Gazellen ins Dasein gesprochen werden.

Ein kreativer, schöpferischer und zutiefst künstlerischer Akt. Ich habe mich oft gefragt, wie diese Worte wohl geklungen haben. Ich glaube weniger wie ein mit Donnerstimme gebrüllter Befehl. Eher wie ein Gedicht, das filigran dafür geschrieben wurde, gesprochen zu werden. *Es werde Licht.*

Der erste Versuch einer Beschreibung dieses Gottes ist also das Bild eines unfassbar kreativen Künstlers. Eines Wortkünstlers, um genau zu sein. Einer, der es im wahrsten Sinne des Wortes versteht, mit seinen Worten Bilder zu malen, die über menschliche Metapherngebilde weit hinausgehen.

Die Kunstform, in der ich mich selbst am meisten zu Hause fühle, nennt man (vor allem im englischsprachigen Raum) auch *Spoken Word,* also „gesprochenes Wort". Das lässt mich angesichts dieses Schöpfungsgedichts fast ein bisschen grinsen. Schließlich könnte man behaupten, dass dies wohl offensichtlich die Kunstform ist, derer Gott sich selbst bediente.

Manchmal ringt mir das ein Lächeln ab. Ein ernst gemeintes, freudiges, vergnügtes Lächeln. Manchmal aber auch so etwas wie Staunen und Ehrfurcht vor diesem Künstler Gott und vor dem, was da passiert, wenn ich selbst versuche, Worte aneinanderzureihen. Denn im Grunde geschieht da im ganz

Kleinen ja genau dasselbe. Die Leere meiner weißen Notizbuchseite und das Chaos meiner Gedanken weichen Worten, die mir wichtig sind und die manchmal sogar andere berühren, wenn ich sie vortrage. Etwas beginnt zu existieren, das so vorher nicht da war. Allein durch das geschriebene und gesprochene Wort entstehen kleine neue Welten. Im winzig Kleinen bildet das Geschöpf auf diese Art den Schöpfer ab. Ja, und manchmal finde ich den ganzen Gedankengang auch wieder schrecklich absurd.

Dazu schreibt Christian Lehnert in seinem Buch „Der Gott in einer Nuss" sehr inspirierend: *„Es gibt eben keine destillierten theologischen Aussagen, die schattenlos für sich sprächen. Nein, immer ist Theologie auch Bildrede, und das Bild ist ein Wagnis, es ist reich und erneuernd, es führt auf den Grund des Sprechens und zugleich über die bedeutungsgebundene Sprache hinaus – und es ist kontaminiert und bedingt und verstellt stets auch den Blick."*

Ich kann versuchen, Worte zu finden, die im besten Falle Bilder malen. Ich bin inspiriert von den Wortbildern, die andere über die Jahre gefunden haben (Rilkes *„großes Heimweh"* zum Beispiel). Ich möchte versuchen, eine Sprache zu finden, die ohne Klischees und Floskeln über Gott redet. Und trotzdem stelle ich fest, dass jedes Reden über Gott immer nur genau das ist – der Versuch, ein Bild zu malen. Ein Bild, das ich glaube verstanden zu haben. Anders scheint es nicht zu gehen. Und ganz schnell ertappe ich mich dann dabei, wie ich doch eines dieser Bilder, das mir besonders gut gefällt, zur Allgemeingültigkeit erhebe. Das sind aber auch die Momente, in denen ich etwas über mich selbst lernen kann.

In dem Zusammenhang mag ich den Gedanken von Thomas Merton aus „Christliche Kontemplation" sehr gerne: *„Unsere Gottesvorstellung sagt uns mehr über uns selbst als über Gott".*

Oder ich halte mich da an Paulus, der sein Gottdenken als ein Sehen in einem Spiegel, in einem verdunkelten Bild und sein Erkennen als bruchstückhaft beschreibt (1. Korinther 13,12). Ich mag, dass dieses ehrliche Eingeständnis direkt vor diesem weitaus berühmteren Satz über Glaube, Hoffnung und Liebe steht. Scheinbar gehört das dazu. Scheinbar geht nicht das eine ohne das andere. Bei mir zumindest meistens nicht.

Ich bin ein Zwischenraumbewohner. Von Hoffnung beflügelt und von Zweifeln geerdet. Vom Paradox gleichermaßen frustriert und getröstet. Ich erlebe Freiheit im Zweifeln und Hinterfragen, weil ich keine Angst habe, dass Gott dabei verloren geht oder mein Glaube Schaden nehmen kann. Alles, was ich in einem solchen Prozess verliere und was einer Prüfung nicht standhält, ist vermutlich sowieso nie Gott gewesen.

Oft misstraue ich einem allzu endgültig gesetzten Punkt am Ende des Satzes. Auf der Suche nach dem „Und" finde ich Gott so oft im „Aber". Ich fühle mich so herrlich gehalten, von etwas, das mehr ist und ich nicht begreifen kann. Und ist es nicht so, dass wir mit Worten beten, um etwas zu erfahren, das über unsere Worte hinausgeht?

Am Ende des Tages bleibt unter jedem gezogenen Strich dieser eine kleine Miniaturvers. So kurz, dass er gerade noch als Satz durchgeht: *Gott ist*

Liebe (1. Johannes 4,8.16). Das ist der Satz hinter dem ich so gerne einen Punkt mache. Wo ich kein „Und" und kein „Aber" mehr brauche. Daran häng ich mich. Auf dem Punkt hinter diesem Drei-Worte-Satz drehe ich mich und von dort aus betrachte ich mich und alles andere. Von dort aus wandere ich weiter in dieses große Geheimnis.

Und ja, da ist und bleibt durchaus auch dieses große Heimweh.

Du bist „Abba"
trotz all meiner Aber
Du bist nicht nur die Ankunft
Du bist auch schon die Straße
Der Rand
Der Feldweg
Die Rast
Die Oase
Grandioses Geheimnis
Du großes Heimweh
Synonym für Zuhause
Mein „Und" und mein „Aber"
Der Weg und das Ziel
und darauf die Pause

Da sind keine Worte für dich
aber
bei dir verorte ich mich

(aus dem Album „Ikarus" von Marco Michalzik und Manuel Steinhoff)

12

BETTINA FÖRSTER

Jahrgang 1975, lebt in Köln und ist freiberufliche Journalistin, Moderatorin und Präsentationstrainerin. Seit mehr als 20 Jahren spricht sie auf Bühnen, im Radio und vor der Fernseh-Kamera. Für SAT.1 moderierte sie sieben Jahre lang die evangelische Sendung »So gesehen«. An der Frankfurt University of Applied Sciences war sie Dozentin für Rhetorik und Kommunikation. Es macht ihr Spaß, Menschen dabei zu unterstützen, einen gelungenen Auftritt hinzulegen.

Immer wieder

Im Stehen die Hände hoch in die Luft halten. Zwei Minuten lang. Diesen Tipp mit der Powerpose habe ich von einem Coach bekommen. Sie soll helfen, eine gute Ausstrahlung bei einem Auftritt zu haben. Sehr nützlich, wenn man als Moderatorin vor der Kamera steht oder andere coacht, einen guten Auftritt hin zu legen. Und es funktioniert tatsächlich. Wenn ich diese Übung vorher zu Hause nicht geschafft habe, verschwinde ich vor Ort noch mal auf der Toilette. Muss lustig von außen aussehen, wenn oben aus der Toilettenkabine plötzlich Hände hervorschauen. Egal. Seit einiger Zeit mache ich nicht nur die Powerpose, sondern ich denke dabei auch: „Danke, Gott, dass du bei mir bist."

Jeder hat seine eigenen, herausfordernden Themen im Leben. Bei mir ist es die Gesundheit. Als ich sieben Jahre war, bekam ich meine erste Brille. Von Jahr zu Jahr wurde ich immer kurzsichtiger. So trug ich als kleines Mädchen nicht nur Zöpfe sondern auch große, dicke Brillen – immerhin in rosa. Endlich – am Ende der Schulzeit – vertrug ich auch Kontaktlinsen. Da sahen mich Jungs zum ersten Mal anders und ich mich auch. Und endlich wusste ich auch, was ich studieren wollte: Theater-, Film- und Fernsehwissenschaft. Mit diesem Studium kann man sehr gut Taxifahrerin werden. Mein Ziel war es aber, als Journalistin und Moderatorin zu arbeiten.

Mit vielen bunten T-Shirts, meinen Kontaktlinsen und viel Gottvertrauen im Gepäck verließ ich das kleine Städtchen im Norden Deutschlands, wo ich aufgewachsen war. Zunächst ging ich nach Erlangen und sammelte dort neben dem Studium erste Erfahrungen als Radiomoderatorin. Dann ging es weiter nach Köln, Deutschlands Fernsehhauptstadt. Ich arbeitete in der Redaktion von TV-Moderator Alfred Biolek und lernte viel. Es lief also gut.

Aber dann der Schock: Knoten in der Schilddrüse. Ich hörte vom Arzt: „Die müssen raus. Und so wie es in Ihrem Fall aussieht, kann es sehr gut sein, dass Ihre Stimmbänder danach dauerhaft geschädigt sind." Das würde Heiserkeit bedeuten. Im besten Fall nur einige Zeit, mit großer Wahrscheinlichkeit für immer. Ich hatte Angst, meine Stimme zu verlieren, schließlich hatte ich schon angefangen, als Radiomoderatorin zu arbeiten. Gebete beruhigten mich etwas. Ich nahm mir vor: Wenn ich meine Stimme behalte, dann werde ich sie beruflich dafür einsetzen, Gutes in die Welt zu tragen. Nach der Operation fand ich mich im Aufwachraum wieder. Ich hörte, wie mich jemand aufforderte: „Sag mal Amerika!" Und dann sagte ich: „Amerika" – mit volltönender Stimme. Alle klatschten. Gott sei Dank! Ich war so erleichtert. Amerika ist seitdem mein Lieblingswort.

Als ich aus dem Krankenhaus entlassen wurde, spürte ich die Sonne warm im Rücken. Ich dachte: Jetzt wird alles gut.

Zunächst lief es auch wie gewünscht. Voller Enthusiasmus stürzte ich mich in die Arbeit. Ich setzte mich bei einem Casting für den Fernsehsender SAT.1 durch und moderierte dort eine Art „Wort zum Sonntag". In der Sendung ging es um gesellschaftliche Themen, hinterfragt aus christlicher Perspektive. Zum Beispiel ging es um die Frage, wie wir eigentlich mit unseren Obdachlosen umgehen.

Eines Tages musste ich wieder ins Krankenhaus. Dieses Mal: Netzhautablösung. Das bedeutete, mein Auge drohte zu erblinden. Oh, Gott! Wieder kann ich sagen, dass mich Gebete irgendwie beruhigt haben. Aber zugleich dachte ich auch: „Gott, was soll das alles?"

Auch diese Operation verlief besser als erwartet. Die schwarzen Flecken auf dem linken Auge waren weg und ich konnte wieder gut sehen. Nur durfte ich zunächst noch keine Kontaktlinsen tragen. Bei den SAT.1-Aufzeichnungen im alten Spiegel-TV-Studio konnte ich deshalb den Teleprompter gar nicht sehen, dafür war ich viel zu kurzsichtig. Das hieß, alle Beiträge auswendig zu sprechen. Noch schwieriger aber war, dass ich die Kamera nicht sah und nicht wusste, in welche Richtung ich mich überhaupt wenden sollte. Der Kameramann kam auf die Idee, ein Feuerzeug über die Kamera zu halten. Das Licht konnte ich sehen und so wusste ich, wo ich hinschauen musste, um dem Fernsehzuschauer zu vermitteln, dass ich ihn ansehe.

Danach hoffte ich: Jetzt aber, jetzt wird das Leben wirklich ruhiger und ich muss mich nicht mehr auf meine körperlichen Schwächen konzentrieren, sondern kann mich ganz meinen beruflichen Herausforderungen widmen. Besonders gern schrieb ich Radiobeiträge für „Kirche in

1LIVE" im WDR oder erstellte Infofilme, in denen es um das wichtige Thema Inklusion ging. Im Bewusstsein, wie kostbar Stimme und Augen sind, war ich Gott dankbar, meinen Beruf ausüben zu können. Leider wurde ich immer wieder mit meinen körperlichen Schwächen konfrontiert. Zahlreiche kleine Nachoperationen am linken Auge liefen gut, waren aber anstrengend. In mir lief immer wieder dasselbe ab: Irgendwie beruhigte mich Gebet und ich fühlte mich getragen, aber es quälte mich auch brutal die Frage: „Gott, warum?"

Dann die totale Katastrophe. Es war in den heißen Sommermonaten des Jahres 2018, als die deutsche Nationalelf mit Pauken und Trompeten die Bühne der Weltmeisterschaft schon in der Gruppenphase verließ. Jetzt ging es um mein rechtes Auge, das mich bisher immer so sicher durchs Leben geführt hatte. Ich sah auf diesem Auge plötzlich nichts mehr. Das bedeutete: Die Netzhautablösung hatte das Zentrum erreicht. Der Vorhang war gefallen. Einer der Ärzte sagte: „Jetzt kann nur noch Gott helfen."

Im Krankenzimmer musste ich stundenlang möglichst ruhig auf einer Seite liegen und auf die Operation warten. Da lag ich nun, ganz still. Meine innere Stimme vermochte nicht mehr Worte eines Gebetes zu formulieren. Die Angst legte sich zu mir und umarmte mich. Schwarz war die Nacht und meine Gedankenwelt auch.

Es fällt mir schwer, in Worte zu fassen, was dann passierte. Vielleicht hört es sich auch naiv an, aber ich will es trotzdem beschreiben. Auf einmal war der Gedanke da: Gott hat mich so oft durch schwierige Lebensabschnitte getragen – er wird es auch jetzt tun. Auch wenn es dieses Mal nicht gut ausgeht, er wird trotzdem bei mir sein. Gott liebt mich. Ich verstehe nicht, warum Gott das zulässt, dass ich jetzt hier so liege. Aber ich will mich mit dieser Frage nicht mehr quälen.

In diesem Moment wollte ich nur eins: Mich auf das konzentrieren, was ich schon in der Vergangenheit immer wieder erlebt hatte. Darauf, dass es eine göttliche Kraft gibt, die mich hält. Diese hellen Hoffnungsgedanken legten sich zu mir neben die Angst, zogen sanft in mein schwarzes Inneres und halfen mir, die Nacht über weiter ruhig zu liegen.

Die Operation am Morgen lief zufriedenstellend. Aber weil sie Gas ins Auge geben mussten, würde sich erst zwei Wochen später klären, ob und wie viel ich auf dem Auge wieder würde sehen können. Wenn man Gas im Auge hat, soll man so lange wie möglich den Kopf nach unten halten. Das bedeutete zwei Wochen gebeugte Haltung – und weiteres Bangen. Dann die Erlösung: Das Gas wurde weniger, der Vorhang öffnete sich langsam und von Tag zu Tag konnte ich mehr auf dem Auge sehen. Diesmal: Tränen des Glücks und der Erleichterung! Dankbar bin ich den fantastischen Ärzten, meiner Familie und meinen Freunden, die für mich gebetet haben und mir in der dunklen Zeit ihre Augen schenkten für die alltäglichen Dinge des Lebens. Und ergriffen und froh bin ich, dass mein geliebter Partner mir auf so unendlich vielfältige Weise geholfen hat.

Ich stehe jetzt gern unter Bäumen und schaue hoch. Es erfüllt mich jedes Mal mit Dankbarkeit, wenn ich ganz hoch oben jedes Blatt erkennen kann. Manchmal sehe ich dann, wie die Sonne die Blätter anstrahlt. Ich sehe die Sonne nicht, aber die von ihr beschienenen Blätter zeigen, dass sie da ist. So sehe ich das jetzt auch mit Gott. Ich kann ihn nicht verstehen und sehe ihn nicht direkt. Aber ich spüre seine Kraft in schlechten und in guten Zeiten. Immer wieder kann im Leben etwas passieren. Aber dieses Gefühl von Gehaltensein macht mich ruhiger und gelassener.

Vor einem Auftritt verschwinde ich gern in einer Toilettenkabine, nehme eine Powerpose ein und halte meine Hände zwei Minuten hoch in die Luft. Dabei denke ich: „Danke, Gott, dass du bei mir bist." Dann öffne ich die Tür und bin bereit für die Welt.

13

JÜRGEN WERTH

Jahrgang 1951, begann als Volontär und Redakteur bei der Westfälischen Rundschau in Dortmund, Hagen und Lüdenscheid. Er war Chefredakteur, Programmdirektor und Vorstandsvorsitzender bei ERF Medien und Moderator der Großevangelisation ProChrist. Drei Jahre lang war er Sprecher beim „Wort zum Sonntag" der ARD und von 2007 bis 2011 ehrenamtlicher Vorsitzender der Deutschen Evangelischen Allianz. Er lebt als freier Schriftsteller, Liedermacher und Referent in Wetzlar, ist verheiratet mit Angela und hat drei erwachsene Kinder und sieben Enkelkinder.

Von Mensch zu Mensch

Es waren Menschen. Natürlich waren es Menschen. Immer sind es Menschen. Wenn einer erzählt, wie er den Glauben entdeckt hat, dann erzählt er meistens von Menschen. Wenigstens von einem. Der Oma. Dem Opa. Den Eltern. Dem Jugendleiter. Dem Pfarrer.

Was ja passt. Weil Glauben immer eine Frage von Beziehungen ist. So habe ich das schon im Konfirmandenunterricht gelernt. Bei Pfarrer Heinrich Schoenenberg in der Christuskirche in Lüdenscheid. „Glauben kommt vom alten Wort *gelowen*. Das bedeutet geloben. Auch: sich verloben. Glauben heißt also: Ich gehe eine Beziehung ein."

Heinrich Schoenenberg, ja, er war einer von meinen Menschen. Gelehrt und gebildet und ein bisschen gefürchtet. Eine Autorität in der Stadt. Geistesstark und lendenstark. Acht Kinder. Er hat mich in die Grundlagen des christlichen Glaubens eingeführt. Er hat mich konfirmiert. Er hat mir Latein beigebracht, als ich von der Realschule aufs Gymnasium wechseln wollte. Und er hat mich Hebräisch gelehrt, weil ich Theologe werden wollte wie er. Unentgeltlich. Einfach so. Stunde um Stunde.

Aber er war's nicht allein, der mir den Glauben nahegebracht hat. Da waren viele andere. Vor allem Herbert Dawin, Kopf und Herz unseres Lüdenscheider CVJM, der damals noch ein christlicher Verein junger

Männer war. Mit ein paar Mitarbeitern hatte er uns Drittklässler in der Knapperschule besucht und uns zur wöchentlichen Spielschar ins neu gebaute Jugendheim in der Mathildenstraße eingeladen. Ich war sieben oder acht, und ich war begeistert.

Spielschar. Singschar. Fußballschar. Erzählschar. Bibelschar. Ein fröhlicher Mix, der mich Woche für Woche anlockte. Vor allem aber war's wohl er, den alle liebevoll „Heda" nannten. Ein kreativer Spiele- und Liedererfinder, ein begnadeter Geschichtenerzähler, ein leidenschaftlicher Zumglaubenlocker. Vor allem einer, dem alle abspürten: Der mag uns. Der mag uns wirklich.

Meine Eltern haben mich nicht geschickt. Aber sie haben mich auch nicht gehindert. „Da lernt der Junge nichts Falsches." Eltern müssen nicht unbedingt schieben, manchmal reicht es schon, wenn sie nicht hindern.

Sie glaubten an Gott. Aber ja. Das taten ohnehin fast alle in den späten Fünfziger- und frühen Sechzigerjahren. Der christliche Glaube gehörte noch zum allgemeinen gesellschaftlichen Konsens. Beim Zubettgehen wurde ein Gebet gesprochen. In der Schule wurde am Anfang des Unterrichts ein Choral gesungen. Man glaubte an Gott, aber er war in unserer Familie doch eher wie ein entfernter Verwandter, von dem man zwar wusste, den man aber nie persönlich getroffen hatte. Er existierte in einem fernen Raum, der dem eigenen Lebensraum möglichst nicht zu nahe kommen durfte. Man glaubte an ihn, aber man lebte das nicht. Nicht wirklich. Vor allem nicht in der Kirche. „Man muss ja nicht jeden Sonntag in die Kirche rennen!" sagte man. Und gehörte doch dazu. Schon wegen der Feste, der kirchlichen und der familiären. Vor allem wollte man nicht irgendwann mal auf dem „kommunalen Friedhof" begraben werden. Da lagen schließlich die bekannten und bekennenden Heiden.

Doch der Sohn begann nach und nach, das alles ein bisschen ernster zu nehmen. Las in der Bibel. Betete. Und versuchte zu leben, was er eben erst zu glauben begonnen hatte. Glauben – was? Dass es Gott wirklich gab. Nicht nur als gesellschaftliche Übereinkunft, sondern als wirkliches Gegenüber. Dass dieser Gott seine Menschen so sehr liebte, dass er einer von ihnen geworden war, Jesus Christus. Dass er seinen Menschen beistehen wollte in den gewöhnlichen und alltäglichen Lagen des Lebens. Und dass dieser liebevolle Gott nun auch wollte, dass seine Menschen liebevoll miteinander umgingen. Einander achteten, einander beistünden. In der Jungschar, klar, aber auch zu Hause. In der Schule. In der Welt.

Das war ungewohnt für meine Eltern. Zunächst. Aber irgendwie wohl auch attraktiv. Jedenfalls haben sie sich viele Jahre nach mir auch auf den Glauben eingelassen.

Bei meiner Konfirmation habe ich das dann für mich festgemacht. Wofür die Konfirmation ja auch eigentlich gedacht ist. Das war nicht das erste Festmachen und beileibe nicht das letzte. Weil Christsein ein Prozess ist. Ein Sein und Werden. Eine Beziehungssache eben, wie alle anderen Beziehungen auch, die ich lebe.

Es hat gehalten. Bis heute. Er hat gehalten. Was für mich das tiefste Geheimnis des Glaubens ist. Nicht ich halte ihn - er hält mich. Ich weiß ja längst, dass ich manchmal keine Kraft mehr habe ihn festzuhalten. Oder einfach keine Lust. Aber er ist da, und er bleibt da, auch und vor allem in den Krisenzeiten des Lebens. Sogar beim Sterben. Ich glaube an ihn, ja. Aber wichtiger ist wohl das: Er glaubt an mich.

Ich bin lutherisch konfirmiert worden. Aber ich liebe die erste Frage samt Antwort aus dem reformierten Heidelberger Katechismus. Weil da alles drinsteckt:

„Was ist dein einziger Trost im Leben und im Sterben?
Dass ich mit Leib und Seele
im Leben und im Sterben nicht mir,
sondern meinem getreuen Heiland
Jesus Christus gehöre.
Er hat mit seinem teuren Blut
für alle meine Sünden vollkommen bezahlt
und mich aus aller Gewalt des Teufels erlöst;
und er bewahrt mich so,
dass ohne den Willen meines Vaters im Himmel
kein Haar von meinem Haupt kann fallen,
ja, dass mir alles zu meiner Seligkeit dienen muss.
Darum macht er mich auch
durch seinen Heiligen Geist
des ewigen Lebens gewiss
und von Herzen willig und bereit,
ihm forthin zu leben.“

Daran muss ich immer wieder erinnert werden. Nicht zuletzt von Menschen. Die Schoenenbergs und Dawins haben längst anderen Menschen Platz gemacht. Sie sind Seelentröster und Tränentrockner und Beinemacher. Ich brauche sie, weil sie mir sagen, was ich mir selber oft nicht sagen kann. Weil der Christus in ihnen meist größer und stärker ist als der Christus in meinem eigenen Herzen. So hat das der Theologe Dietrich Bonhoeffer, der von den Nazis ermordet wurde, einmal gesagt. Darum gehe ich auch heute noch in meine Kirchengemeinde und in meinen CVJM, den in Wetzlar natürlich. Hier sind wir keine Spielschar mehr und keine Jungschar, klar nicht. Eher eine Altschar. Vor allem aber eine Austausch- und Mutmachschar.

So sind und bleiben es vor allem Menschen. Menschen für mich. Und ich für sie. Gemeinsam unterwegs. Miteinander und mit ihm, Gott. Und zu ihm hin.

Warum ich an ihn glaube? Ich muss die Frage umdrehen: Wie könnte ich nicht an ihn glauben! Wie könnte ich es ohne ihn aushalten! Ich kann ja gar nicht anders. Ich wäre doch sonst vaterseelenallein im Universum. Ohne lebendiges Gegenüber. Ohne Sinn. Ohne Halt. Und ohne Hoffnung, die den Tod überdauert.

Mit Menschen fing es an. Und ich bin fast sicher, dass es auch mit Menschen aufhören wird.

SIGRID RÖSELER

Jahrgang 1971, ist 1996 nach langer Sinnsuche Christ geworden. In Träumen erlebt sie Gottes Reden und schreibt sie deshalb auch alle auf. Sie hat in Berlin Gesellschafts- und Wirtschaftskommunikation studiert und ist seit 2001 Redakteurin bei ERF Medien. Dort moderiert sie die Talksendung „ERF MenschGott" und „Die ÜberLebensHelferin". Nebenberuflich ist sie als Beratende Seelsorgerin (ICL) tätig.

Im falschen Film:
Das Jahr meines Lebens

August 2017. Ich komme gerade aus Kanada zurück und bin berührt von Land und Leuten, von Atmosphäre, Weite und Wildheit. Durch die Reise habe ich den Eindruck, dass etwas Neues kommt. Ja, in mir ist eine richtige Vorfreude. Ich glaube, dass Gott für mich noch etwas Besonderes vorbereitet hat. Gleichzeitig habe ich die unbestimmte Sehnsucht, dass sich in meinem Leben dringend etwas ändern müsste – ich weiß nur nicht was und wie.

Im *September* jedoch beginnt etwas, das so gar nicht meiner Vorfreude entspricht. Es geht los mit einer chaotischen Dienstreise nach London, bei der ich den Flieger verpasse und auch mein Gepäck abhandenkommt. Einige Zeit später bekomme ich brutale Rückenschmerzen, die noch wochenlang andauern sollen. Das MRT ergibt einen ordentlichen Bandscheibenvorfall. Und zu allem Überfluss habe ich noch einen Schadensfall mit dem Auto, der mich 800 Euro kostet. Was sich anfänglich wie eine Pechsträhne anfühlt, wächst sich aus: Schon bald komme ich mir vor wie im falschen Film. Einem Horrorfilm, der nicht enden will.

Wegen des Rückens muss ich im *Oktober* tageweise zu Hause bleiben. Durch die Schonhaltung hat sich mein Becken in eine abartige Schiefstellung verschoben. Ich liege gerade auf dem Boden, die Beine im rechten Winkel über dem Stuhl, da kommt ein Anruf meiner Mutter: „Papa hat eine Lungenentzündung." Das darf doch wohl nicht wahr sein! Schon länger kämpft mein Vater mit einer Erkältung und nun muss er ins Krankenhaus. Trotzdem erkundigt er sich liebevoll nach meinem Rücken. Das rührt mich sehr. Ich denke: „Ach Papa, es geht doch jetzt um dich und du fragst nach mir?" So kenne ich ihn gar nicht. Irgendwie stimmt mich das nachdenklich.

Mittlerweile ist es *November* und der zeigt sich von der allerbesten Seite: mit Dunkelheit und feuchter Kälte. Und mit einer neuen Hiobsbotschaft: Mein Vater, dem es immer schlechter geht, muss in die Uniklinik verlegt werden wegen einer besonderen Untersuchung. Meine Mutter verspricht, mir Bescheid zu geben, sobald sie erfährt, was los ist. Das Ergebnis kommt per SMS. Nur drei Wörter, die mich fassungslos machen: „Papa hat Krebs."

Eine grausige Angst kriecht in mir hoch: Nein! Bitte nicht! In mir bricht Verzweiflung aus und stumm schreie ich in den Himmel: „Bitte, lieber Gott, gib mir noch Zeit mit ihm – gib mir noch Zeit!" Und die bekomme ich: Sechs intensive Wochen, in denen ich täglich bei ihm bin. Mein Vater ist ein Mann, der sein Leben lang Schwierigkeiten hatte, Gefühle zu zeigen. Deshalb kostet es mich Überwindung, mich überhaupt an sein Bett zu setzen. Ich will ihn damit nicht überfordern. Doch zu meiner Überraschung nimmt er meine Hand und drückt sie. Und wir kommen ins Gespräch. Ich bin erstaunt, dass er noch Sachen aus meinem Leben weiß, die sehr schwierig für mich waren und unter denen auch er gelitten hat. Da ist Anteilnahme, da ist Verständnis. Es schmerzt mich, dass wir nicht schon immer so miteinander sprechen konnten. Eines Abends frage ich ihn, woran er glaubt. Er antwortet: „An die Gnade." Ein Moment, den ich nie vergessen werde. Überrascht stelle ich fest, wie tief mein Vater die Botschaft der Bibel verinnerlicht hat und wir vergeben einander.

Dann, im *Dezember*, beginnt der Kampf: die Chemotherapie. Die Tage sind grau, trostlos und unerbittlich. Weihnachten geht völlig unter. Wie ein Stehaufmännchen fahre ich jeden Morgen in die Klinik, rede mit Ärzten, kommuniziere mit meinen Geschwistern. Nachmittags hole ich meine Mutter, damit sie einige Stunden allein mit ihrem Mann verbringen kann. Doch es ist zu spät. Mein Vater wird immer schwächer, der Lungentumor ist zu weit vorangeschritten. In der Zwischenzeit habe ich einen Platz im Hospiz organisiert.

Kurz vor der Verlegung sagt mein Vater plötzlich: „Ich habe einen Platz im Schloss!" Erst weiß ich nicht, was er meint. Doch dann wird mir klar: „Ja, Papa, du hast einen Platz im Himmel, wo Gott dich erwartet." Eine Woche später stirbt er und zieht in dieses Schloss ein.

Nach der Beerdigung meines Vaters im *Januar* 2018 falle ich für die nächsten drei Monate in eine Art Winterschlaf. Meine Trauer zeigt sich auf eine seltsame Weise. Ich fühle, hoffe, erwarte nichts. Vergessen ist die freudige Erwartung, die mich in Kanada so beseelt hat. Begraben die Vorfreude, dass Gott etwas Neues schenken würde.

Mitte *April* komme ich abends mit starken Bauchschmerzen nach Hause. Ich muss mich übergeben und denke, ich habe eine Magen-Darm-Grippe. Als der Schmerz nicht nachlässt, rufe ich den Notarztwagen. Bis in die Nacht hinein dauern die Untersuchungen. Eine elf Zentimeter große Zyste ist geplatzt und das Wasser hat sich in den gesamten Bauchraum ergossen. Für den nächsten Tag ist eine Not-OP geplant. Ich bin noch nie operiert worden und habe riesige Angst vor der Narkose. Als ich wieder aufwache, wartet die absolute Horrornachricht auf mich: Krebs am rechten Eierstock.

Das zieht mir den Boden unter den Füßen weg. Ich falle in die Tiefe, aber jetzt scheint mich niemand mehr aufzufangen. Ich und Krebs?! Nein! Nie im Leben. Das ist nun endgültig der falsche Film. Das kann einfach nicht sein! Ist es das, was Gott für mich vorbereitet hat? Mein eigener Einzug ins Schloss?

Nach einer zweiten großen Operation, bei der mir praktisch alle Unterleibsorgane entnommen werden, treten Komplikationen auf. Die Ärzte bekommen eine Sickerblutung nicht in den Griff. Mittlerweile denke ich: Okay, der Tod kommt sogar noch früher als erwartet. Und dann habe ich einen Traum.

Ich träume von einer Frau, die ihren eigenen Selbstmord plant und umsetzt. Parallel dazu höre ich im Traum die Melodie des Liedes „Miracle Maker". Ein Song über Jesus und seine Kraft, Wunder zu tun. Als ich wieder aufwache, bin ich verwirrt: Das passt doch gar nicht zusammen

– die Wunderkraft von Jesus als Soundtrack zu so einem schrägen Film?! Und dann ist es so, als ob Gott sagen würde: Genau! ==Ich lege dir jetzt den Tod und im Gegenzug meine Kraft vor und frage dich: Willst du leben? Wähle du!==

Ich bin geschockt. Auch wenn die Frau im Traum ganz anders aussah als ich, begreife ich, dass sie einen Teil von mir widerspiegelt. Entsetzt entdecke ich, was mir bis dahin noch unbewusst war: Da wirken selbstzerstörerische Kräfte in mir: Gedanken der Hoffnungslosigkeit, der Angst und der Selbstablehnung. Mir dämmert: Mit dem Traum will Gott mich auf eine bittere Wurzel in meinem Leben aufmerksam machen. Eine Wurzel, die mir zunehmend Kraft raubt. In übertragenem Sinn ist sie tatsächlich eine Sickerblutung, die gestoppt werden muss – bevor es zu spät ist.

Und jetzt staune ich. Ich verstehe, dass Gott von mir ein Einverständnis haben will. So nach dem Motto: Ich werde nichts tun, bevor du mir nicht dein Ja gibst. Dein Ja zum Leben. Aus der Bibel weiß ich, dass Gott unseren freien Willen nicht verletzt. Aber jetzt erst wird mir zutiefst klar, was das eigentlich bedeutet. Wenn ein Mensch unbewusst etwas nicht will, achtet Gott das! Heute stellt er mich vor eine Entscheidung. Der Traum soll mir zeigen: Wenn du so weitermachst wie bisher, wird dich das töten. Aber Jesus, der Wundertäter, kann das Blatt wenden.

Ich bin von Ehrfurcht erfüllt! Und so liege ich auf dem Krankenbett und rufe zu Gott: „Doch! Ich will leben! Es tut mir leid, dass ich der Hoffnungslosigkeit und der Dunkelheit mehr geglaubt habe als dir. Ich geb dir meine Angst, meine Selbstablehnung und allen alten Mist, der noch in mir schlummert. Jesus, sei mein Licht!" Und so erlaube ich Gott ausdrücklich, diese Wurzel zu ziehen – und er tut es. Jesus, der Wundertäter.

Im anschließenden Eingriff kann die Blutung schließlich gestoppt werden. Als ich ein drittes Mal aus der Narkose aufwache, weiß ich, dass es Jesus war, der mich gerettet hat. Ich fasse Mut. Ja, mein Papa ist gerade gestorben und mir steht ab *Juni* eine Chemotherapie bevor: Aber Jesus ist da – mit ihm kann ich es schaffen! Gott hat wirklich alle Macht. Er meint es gut mit mir!

Nun ist es bereits Ende *Oktober* und die Chemotherapie liegt hinter mir. Ich schaue auf das Jahr zurück. Zu Anfang habe ich von meiner Sehnsucht gesprochen, dass Gott etwas Neues in meinem Leben tut und eine Veränderung kommt. Und das ist tatsächlich passiert. Zum einen hat die Zeit am Krankenbett meines Vaters vieles in mir geheilt. Solch eine Nähe und ein Vertrauen hätte ich zwischen uns nie für möglich gehalten. Zum anderen: Ich bin heute wie nie zuvor gewiss, dass Gott will, dass ich lebe und dass es mir gut geht. Ich bin mir sicher: Mein Leben liegt in seiner Hand. Mehr denn je bin ich überzeugt: Niemals schickt er das Unheil, aber er kann wirklich die miesesten Dinge in unserem Leben zu unserem Besten nutzen.

Welche Sehnsucht ist in mir gestillt worden? Die Sehnsucht, Gott tiefer zu begegnen. Wie er während der Krankheit für mich da war, hat alle

Erwartungen übertroffen. Die Kraft seiner Verwandlung spüre ich am meisten darin: Ich habe nicht nur die Angst vorm Tod, sondern auch die Angst vorm Leben verloren.

Holy, You are holy,
Who was and is and is to come.
Jesus, precious Jesus,
Thank you, Saviour,
I'm walking in the shoes of my Miracle Maker.

(Frei übersetzt: „Heilig, du bist heilig, der war und ist und kommen wird. Jesus, kostbarer Jesus, danke, Retter, ich laufe in den Schuhen meines Wundertäters." Aus dem Lied „Miracle Maker" von Jesus Culture.)

15

LISA KIELBASSA

Jahrgang 1992, hat ein Volontariat bei ERF Medien absolviert und arbeitet seitdem als freie Autorin, Moderatorin und Sprecherin. Sie studiert transnationale Soziale Arbeit, leitet ein Jüngerschaftsnetzwerk und kann sich gut vorstellen, auch mal außerhalb von Deutschland zu leben.

Glauben ist wie Seidenstrumpfhosen tragen

„Wir lieben Hessen" steht in großen Buchstaben auf einem Plakat. Ist das so? Als stolzes Ruhrgebietskind war mein Motto jahrelang: „Die Hessen? Die kannste vergessen". Doch nach fünf Jahren mit einer hessischen Adresse im Ausweis muss ich zugeben, dass es zumindest die Rhein-Main-Region mit der Heimat aufnehmen kann. Wenn beide Gebiete Strumpfhosen wären, wäre das Ruhrgebiet eine kratzige Baumwollstrumpfhose, die nicht sehr gut aussieht, aber im Winter warmhält. Die Rhein-Main-Region dagegen wäre eine schicke Seidenstrumpfhose, die tolle Beine macht, aber beim Anziehen ganz schön zwickt. Letztendlich lebe ich seit drei Jahren glücklich in Frankfurt und das hat weniger mit der schicken Skyline zu tun, sondern mehr mit dem zwickenden Gefühl, das mich nicht mehr losließ, seitdem ich hierhergezogen bin. Das zwickende Gefühl hieß: Mein Glaube ist tot.

Aufgewachsen in einer christlichen Familie war der Glaube an Gott immer präsent. Aber erst mit sechzehn, nach einigen durchfeierten Nächten und dem typischen Doppelleben als Christenkind, gab ich dem Glauben eine persönliche Chance. Zumindest dachte ich das. Denn genau betrachtet, sammelte ich in den nächsten Jahren vor allem eins an: Wissen. Auf Konferenzen, in Gemeinden und beim Lesen der Bibel – ich setze mich gründlich mit der christlichen Weltanschauung auseinander. Ich wagte mich auch an schwierige Themen heran wie die Theodizeefrage, die Frage nach Gottes Gerechtigkeit angesichts des Leides dieser Welt. Ich gründete sogar einen Schülerbibelkreis. Trotzdem vertraute ich Gott nicht. Ich wusste einfach nur viel über ihn. Ich war wie ein treuer Wer-wird-Millionär-Zuschauer, der immer alle Antworten kennt, aber nie selbst an der Sendung teilnimmt.

Das wurde mir zum ersten Mal im Ausland bewusst. Hier musste ich plötzlich am Leben teilnehmen. Zwischen todkranken Straßenkindern und Terrorgefahr gab es oft nur eine Option: beten und vertrauen, dass dieser Gott tatsächlich hilft. In dieser Disziplin versagte ich kläglich und musste mir eingestehen, dass mein Vertrauen in Gott winzig war. Gleichzeitig erlebte ich zum ersten Mal, dass Menschen durch Gebet gesund wurden und wie Gott durch Träume und Bilder spricht. Mein angesammeltes Wissen über Gott wurde plötzlich lebendig und real.

Doch zurück im geordneten Deutschland verblassten die Erinnerungen an meine wilden Glaubenserfahrungen. Zwar war mein Alltag gefüllt mit Aktivitäten und Leuten, die an Gott glaubten, aber Gott selbst ließ sich wenig blicken. Ich begann mich verzweifelt zu fragen, warum ich ihn so wenig erlebte und kaum von ihm hörte.

Kurz bevor ich meine Erlebnisse im Ausland als romantisierte Einbildung abstempelte, fragte mich eine Freundin, wofür ich denn überhaupt Glauben brauchen würde. In welchem Lebensbereich würde ich Gott vertrauen? Ihre Frage erwischte mich eiskalt. Es gab keinen Bereich in meinem Leben! Ich verdiente genug Geld, hatte tolle Freunde und war gesund. Ich musste an nichts glauben, auf irgendetwas hoffen oder irgendjemandem vertrauen. War mein Glaube tot?

Mit dem zwickenden Gefühl im Bauch zog ich nach Frankfurt. Entweder hatte ich meine Jugend an eine tote Theorie verschwendet oder mein halbes Leben wie eine Trapezkünstlerin am Boden verbracht. Beides keine guten Optionen. Ich war sauer und beschloss auf Provokation zu setzen: Wenn mein Glaube nicht nur Erziehung oder Einbildung war, wollte ich sehen, dass auch andere Menschen Gott erlebten. War mein Glaube tot?

Ich fing an, Deals mit Gott auszuhandeln. Morgens fragte ich ihn, welche Leute ich ansprechen und was ich sagen sollte. Im Gegenzug dafür kniff ich nicht. Auch wenn seine Antworten oft nur ein Gefühl, ein Bild oder ein Geistesblitz waren, wurde ich aktiv.

Ich sprach Leute in der Vorlesung und Mensa auf Facebookposts oder Kleidungsstücke an und war nicht nur überrascht, wie treffsicher die göttlichen Intuitionen waren, sondern auch welche Gespräche sich dadurch ergaben.

Das ging so weit, bis ich den Eindruck hatte, ich sollte vier Mädchen aus meiner Erstsemestergruppe zu mir einladen, um ein Experiment mit mir zu starten: sieben Wochen lang so leben, als ob es Gott tatsächlich gäbe.

Ich versuchte, die Idee zu verdrängen. Ich, die Frau mit dem winzigen Glauben, sollte andere anleiten, Gott zu vertrauen? Ein absurder Gedanke. Doch er ließ mich nicht mehr los. Anscheinend wollte sich Gott auf keinen anderen Deal mehr einlassen.

Also lud ich an einem Novemberabend alle vier Mädchen ein und stellte ihnen mit klopfendem Herzen meine Idee vor. Wie befürchtet, sagten alle zu.

Es folgten sieben Wochen voller Niederlagen und Wunder. Bei Tee und Keksen lasen wir Geschichten über Jesus aus der Bibel, stellten uns simple Fragen wie: Was lernen wir über Gott? Was lernen wir über Menschen? Und jeder setzte sich eine persönliche Challenge, das Gelesene anzuwenden. Was dazu führte, dass zuerst einige anfingen, persönlich in der Bibel zu lesen, dann andere das Beten entdeckten und wir am Ende gemeinsam warme Cookies an Obdachlose oder Liebesbriefe in der Nachbarschaft verteilten und für Kranke auf der Straße beteten.

Nicht jeder Kranke wurde gesund und nicht alle offenen Fragen, die aufkamen, konnten beantwortet werden. Aber nachdem eine zerstrittene Familie Weihnachten zum ersten Mal zusammen feierte und andere Experimentteilnehmerinnen Gott beim Joggen oder beim Singen erlebten, waren alle vier motiviert, diesen Gott weiter kennenzulernen und ihm zu vertrauen. Das war für mich das größte Wunder. Neben der Tatsache, wie ich Gott in diesen sieben Wochen erlebte.

Denn das Experiment war genau der Lebensbereich, in dem ich Kontrolle an Gott abgeben musste und gezwungen war, ihm zu vertrauen. Ich konnte nicht beeinflussen, ob die Teilnehmerinnen Gott spürten oder Gebete erhört wurden. Ich hatte nicht einmal Leitungserfahrungen. Woche für Woche konnte ich nur hoffen, dass Gott mir kreative Ideen gab, die Treffen zu gestalten, mir Weisheit schenkte, mit kritischen Fragen umzugehen und mir den nächsten Schritt für die Gruppe zeigte.

Mein Innenleben glich oft einer emotionalen Achterbahnfahrt aus Überforderung, Zweifeln, Gelassenheit, Überraschung und Freude. Ich verstand, dass es gar nicht so sehr darauf ankommt, wie viel Glauben ich habe, sondern ob ich bereit bin, diesen Glauben zur Grundlage meiner Entscheidungen zu machen. Auch wenn mein Gefühl und mein Verstand mich für absolut verrückt erklären.

Mittlerweile sind wir seit zwei Jahren als Experimentgruppe unterwegs und laden durch Gin-and-Jesus-Abende und spirituelle Picknicks auch andere Leute ein, Gott kennenzulernen.

Auch wenn ich schon mehr gelernt habe, Gruppen anzuleiten und mit Menschen über Glauben zu reden, zeigt Gott mir immer wieder neue Bereiche, in denen ich mich darauf einlassen kann, ihm zu vertrauen. Er ist ein Gentleman, der sich immer nur so viel Platz nimmt, wie ich ihm gebe. Letztens zum Beispiel hatte ich den Eindruck, ich sollte Geld verschenken, das ich bis dahin noch gar nicht besaß. Drei Wochen später hatten drei Personen die Idee, mir 500 Euro zu schenken.

Trotz dieser Erlebnisse fällt es mir nicht leicht, Gott zu vertrauen. Es ist immer wieder wie das Anziehen schicker Seidenstrumpfhosen: Ich verlasse meine Komfortzone und halte zwickende Fragen und Zweifel aus. Meine Zuversicht hängt dabei oft am seidenen Faden.

Deswegen ist es letztendlich auch ein Geschenk, dass ich immer wieder auf etwas hoffen kann, das ich nicht sehe oder begreife. Ein Geschenk, das mir hilft, das Leben mutiger und angstfreier zu gestalten. Falls sich also nach dem Tod herausstellen sollte, dass alle Erlebnisse nur Zufall oder Einbildung gewesen sind, würde ich es nicht bereuen, Gott vertraut zu haben. Glauben tue ich das allerdings nicht.

16

THORSTEN RIEWESELL

Jahrgang 1966, kommt aus dem hohen Norden und genießt so oft wie möglich Meer, Wind und Wellen. Beruflich hat es ihn 2002 nach Kaufungen bei Kassel verschlagen, wo er zusammen mit seiner Frau Miriam und den drei Kindern lebt. 2010 hat er das Kinderhilfswerk Jumpers – Jugend mit Perspektive mitgegründet, das mittlerweile über 30 Angestellte hat, die in Hessen, Thüringen, Niedersachsen, Vorpommern und Nordrhein-Westfalen aktiv sind. 2017 initiierte er zudem Sempers – Senioren mit Perspektive, um der zunehmenden Alterseinsamkeit und -armut zu begegnen.

Meine Josua-Geschichte

„Leute, wir haben hier 30 Hühner zu schlachten – wer steht zur Verfügung?" Ohne zu zögern, hob ich meine Hand. Es war zwar mein erster Tag als Zivildienstleistender in der Großstadtmission Hamburg, aber nicht mein erster Tag mit Hühnern. Zu Hause hatten wir viele davon, ebenso Fasane. Mein Vater züchtete auch Tauben und die besten wurden auf Ausstellungen präsentiert, bevor sie dann oft ausgestopft an den Wänden unseres Wohnhauses landeten. Zudem waren wir eine Anglerfamilie und einige der besten Fänge, besonders die von meinem Bruder, zierten unsere Wände ebenfalls ausgestopft – mit den aufgesperrten Mäulern nach vorne. Als jüngster Sohn hatte ich manchmal Angst, meine Hand in das offene Maul eines Fisches zu stecken – Angst, dass der Kiefer plötzlich zusammenklappen könnte, als späte Rache sozusagen. Aber mein Vater sagte damals bezeichnenderweise: „Du brauchst keine Angst zu haben: Die Tauben fliegen nicht mehr und die Fische beißen nicht mehr!"

Heute sehe ich in der Aussage auch die Beschreibung einer Form des christlichen Glaubens, der nach außen noch lebendig aussieht, aber nicht mehr fliegt. Manchmal hängt er auch wie eine Trophäe aus alten Zeiten an der Wand. Dieses Bild von damals ploppt bei mir immer wieder auf, wenn Menschen unsere, meine Kirche betrachten und wenig Leben darin finden. Während meines Zivildienstes durfte ich mich 20 Monate lang in allen Arten von hausmeisterlichen Tätigkeiten austoben bis hin zur Scherung der hauseigenen Schafe. Das waren ziemlich bockige und unkooperative Wesen, die selten bereit waren, freiwillig ihre Wolle abzugeben oder ihre Hufe stutzen zu lassen. So liefen sie, auch noch nach meiner Rasur, mit vielen stehengebliebenen Wollpuscheln über die Wiese. Eine Karriere als Schafsfriseur war für mich wohl ausgeschlossen.

Ebenso herausfordernd war der Umgang mit den schwererziehbaren Mädchen, die im Heim aufs Leben vorbereitet wurden und mich und meinen Mit-Zivi mit Liebesbriefen überhäuften. Und tatsächlich verliebte auch ich mich in dieser Zeit in ein Mädchen, mit deren Erziehung ich bis heute beschäftigt bin – oder sie mit meiner? Meine spätere Frau gehörte aber nicht zu den Mädchen aus dem Heim, sondern kam zu der Zeit als Tochter des Pastors in die Gemeinde, zu deren Jugendkreis ich die jungen Frauen aus dem Heim hin und wieder fuhr.

Noch eine andere Freundschaft entstand in dieser Zeit. Mein Zivi-Kollege war jünger als ich und außerdem eine besondere Glaubenserfahrung. Während mein Gemeindehintergrund etwas bodenständiger war, schien er immer über dem Boden zu schweben. Als Mitglied der Anskarkirche, einer Freikirche in Hamburg, kannte er nicht nur für mich neue Ausdrucksformen des Glaubens, er lebte sie auch. Er redete und betete in Zungen und hatte regelmäßig Eindrücke von Gott für andere Menschen – nicht immer zu seinem Vorteil: Als er für einen leitenden Mitarbeiter ein nicht ganz so vorteilhaftes Bild hatte und ihm dieses nicht verschwieg, wurde er zu einer persönlichen Unterredung ins Dienstzimmer gerufen, das er Minuten später geschüttelt und gerührt und dennoch aufrecht verließ.

Eines Tages kam er aufgeregt zu mir: „Ich habe ein Bild für dich", sagte er und ich wusste in dem Moment nicht, ob ich das gut finden sollte. Doch er meinte, er müsse es mir unbedingt sagen: „Du bist Josua! Ich habe dieses Bild klar für dich empfangen!" Offensichtlich meinte er den Josua aus der Bibel, der Moses Nachfolger wurde und das Volk Israel ins gelobte Land führte. „Was meinst du damit?", hörte ich mich fragen.

„Du bist Josua. Du wirst eine große Aufgabe übernehmen, neues Land betreten und vielen Menschen Gott nahebringen." Puh! Er ließ mich verwirrt zurück. Wenig später war ich mit ihm zum ersten Mal in seiner Gemeinde, der Anskarkirche. Es war ein lebendiger, kreativer Gottesdienst und mittendrin sprang plötzlich eine Frau auf und sprach zur Gemeinde: „Unter uns ist jemand, der vor kurzem das Bild über Josua bekommen hat. Ich möchte ihn nur ermutigen, es zu glauben und als Berufung anzunehmen!" Ich schaute meinen Freund sehr bewegt an. „Hast du ihr davon erzählt?", fragte ich ihn. „Nein, ganz sicher nicht! Das ist einfach Gottes Handeln – nimm es an!"

In den nächsten Jahren wurde Josua für mich zu einer bedeutenden Person. Immer wieder und besonders bei wichtigen Ereignissen wurden mir Worte aus dem Buch Josua zugesprochen und seine Geschichte faszinierte mich mehr und mehr. Mich beeindruckt sein starkes Bekenntnis zu Gott und seine Gewissheit, in jeder Situation mit einem lebendigen Herrn unterwegs zu sein. Dieser Josua hat meinen Lebensweg geprägt vom Zivildienst an über viele Jahre bei einem christlichen Jugendverband bis hin zur Gründung eines Vereins: Jumpers – Jugend mit Perspektive. Ein abenteuerliches Projekt, das wir mit der Gewissheit eines Josua – getrost und unverzagt – begonnen haben, um Kindern und Familien aus angespannten sozialen Verhältnissen mit Taten und Worten die Liebe Gottes nahezubringen. Als Gründer und Leiter dieses Projektes befinde ich mich nicht mehr in meiner christlichen Komfortzone, sondern mitten im Leben von Menschen, die Hilfe benötigen. Ich liebe diese Arbeit, auch wenn sie mich vor so manche Herausforderungen stellt. Ich fliege. Wie die Taube. Das birgt Gefahren, ist aber um einiges spannender, als an der Wand zu hängen.

Und vielleicht erfüllt sich darin ja schon die Verheißung, die mir einst im Zivildienst zugesagt wurde. Wie Josua darf ich als Pionier neues Land einnehmen und mit Jumpers zahlreiche Projekte gründen und aufbauen, um ganz bei den Menschen zu sein, ihnen nachhaltig zu helfen und unser Bestes zu geben: Jesus selbst.

17

PROF. DR. OKKO HERLYN

Jahrgang 1946, war zunächst Gemeindepfarrer in Duisburg, später Professor an der Evangelischen Fachhochschule in Bochum und Privatdozent an der dortigen Ruhruniversität. Als Autor zahlreicher theologischer Veröffentlichungen ist er seit Jahren einem breiten Publikum vertraut. Er ist zudem als niederrheinischer Kleinkünstler, Liedermacher und Kirchenkabarettist weit über die Region hinaus bekannt. Für seine Texte und Lieder wurde er bereits mehrfach ausgezeichnet.

Grund, an Gott zu glauben?

Um es vorweg zu sagen: Ich kann keinen ordentlichen Grund angeben, weshalb ich an Gott glaube. Weder vermag ich mit einem Bekehrungserlebnis aufzuwarten, noch habe ich jemals an irgendeiner Evangelisation teilgenommen. Irgendjemand berichtete mir einmal davon, dass er in seiner Jugend bei einer Zeltmission gewesen und dort „nach vorne" gebeten worden sei, um sein Leben „Jesus zu übergeben". Ich kann mir bis heute nichts darunter vorstellen. Während meiner eigenen Jugend geisterte gelegentlich der Name „Billy Graham" durch die Zeitungen. Das war ein amerikanischer Prediger, der auf den Spitznamen „Maschinengewehr Gottes" hörte. Dieses „Maschinengewehr", das gegen Homosexualität und für den Vietnamkrieg zu Felde zog, hatte auf seinen von ihm selbst so genannten „Kreuzzügen" angeblich Tausende zu Jesus bekehrt. Ich fragte mich allerdings: zu welchem Jesus? Der aus dem Neuen Testament konnte es jedenfalls nicht gewesen sein.

Dass ich keinen ordentlichen Grund angeben kann, weshalb ich an Gott glaube, hat aber noch einen anderen Grund. Einen Grund für etwas angeben, das klingt nach einem guten Argument. So wie man sich mit guten Gründen etwa für den Kauf neuer Winterreifen entscheidet. Was spricht dafür, was dagegen? Es fragt sich allerdings, ob man so auch mit dem Glauben an Gott verfahren kann. Manche behaupten zwar, dass sie über solche Argumente verfügen, etwa dergestalt, dass es ihnen mit ihrem Glauben an Gott irgendwie besser gehe, sie grundsätzlich etwa gelassener, fröhlicher oder hier und da sogar erfolgreicher im Leben seien. Mir fällt allerdings auf, dass andere, die es ebenfalls mit dem Glauben an Gott versucht haben, auch schon daran verzweifelt oder darüber gar an Leib und Seele erkrankt sind. Zumindest waren sie deshalb nicht erfolgreicher in ihrem Leben. So geht es also offenbar nicht. Auch finde ich in der Bibel nirgendwo ein stichhaltiges Argument, das für einen Glauben an Gott spricht. Haben etwa die Jünger am See, die dem Ruf Jesu gefolgt sind, zuvor danach gefragt, welche Gründe dafür sprechen? Oder wenn ich mir nur einmal solche Menschen wie Jeremia oder Jona, Paulus oder gar Hiob anschaue, dann finden sich doch eher Gründe, die *gegen* statt *für* einen Glauben an Gott sprechen.

Ich bin vielmehr der Meinung, dass ein Glaube, den man meint, gut begründen zu können, eher dem – menschlich sicher verständlichen – Wunsch entspringt, dass es uns im Leben möglichst gut gehen soll. Nachdem wir mit indischen Atemübungen und toskanischen Duft-Öl-Bädern unserem Körper bereits Gutes getan haben, suchen wir nun vermehrt nach dem, was auch unserer Seele gut tut. Religiöse Wellness sozusagen. Nicht von ungefähr werben ja etwa einschlägige Reiseveranstalter mittlerweile mit einem unverhohlen religiösen Vokabular: „Die Kraft, das Nährende. Der Geist, Öl. Das Heilige. Die Salbung (…) Im Einklang mit der Schöpfung sein" – so vor einiger Zeit die Reisefirma TUI in ihrem Robinsonclub-Programm. Man darf füglich bezweifeln, ob sich ein Jeremia, ein Hiob oder ein Paulus mit ihrem Glauben an Gott irgendwie wohler gefühlt haben. Man hat den Eindruck, dass sich diese Großen des Glaubens mit ihrem Glauben an Gott doch eher schwer taten. Besser erging es ihnen jedenfalls nicht dadurch. Mitunter führte sie ihr Glaube an Gott sogar in Schwermut, Verfolgung und körperliches Leid. Gute Gründe sehen jedenfalls anders aus.

Wenn ich es mir recht überlege, so ist mir mein eigener Glaube an Gott im Grunde ein Rätsel.

Sicher, ich könnte darauf hinweisen, dass ich in einem christlichen Hause, genauer: in einem Pfarrhaus, aufgewachsen bin. Die Herrnhuter Losungen, das Kalenderblatt vom Neukirchener „Jugendfreund", das Tischgebet, die vielen geistlichen Lieder, allen voran die Genfer Psalmen, waren die täglichen, gewissermaßen selbstverständlichen Begleiter meines jungen Lebens. Aber so sind andere auch aufgewachsen. Manche von ihnen haben gerade deshalb dem Glauben abgeschworen, sind zu Agnostikern, Atheisten und vereinzelt sogar zu Terroristen geworden. Oder ließen den lieben Gott in ihrem weiteren Leben einfach nur einen guten Mann sein. So zwingend überzeugend kann eine „christliche Sozialisation" offenbar doch nicht sein, als dass sie sozusagen „automatisch" zum Glauben führte.

Sicher könnte ich mich auch daran erinnern, dass die Kirche für mich von früh auf irgendwie immer ein vertrautes Umfeld darstellte: Kindergottesdienst, Konfirmandenunterricht, Posaunenchor, Jugendarbeit. Später lange Jahre Gemeindepfarramt und Dienst an einer kirchlichen Hochschule. Aber andere haben auch solche kirchlichen „Karrieren" durchlaufen und engagieren sich heute sonst wo – im Fußballverein, im Kochkurs bei der Volkshochschule oder bei den Grünen –, nur nicht in der Kirche. So prägend kann ein kirchliches Milieu offenbar doch nicht sein, als dass es gewissermaßen „wie von selbst" Lebensgestaltungen hervorbrächte, die sich an einem Glauben an Gott orientieren und zu einer dauerhaften kirchlichen Bindung führen.

Sicher könnte ich auch in aller Form belegen, dass ich immerhin sechs Jahre meines Lebens mit dem Studium der Theologie, zwei weitere mit einer Hochschulassistenz und noch einmal zwei Jahre mit dem Verfassen einer größeren wissenschaftlichen Arbeit verbracht habe. Aber solch einen Aufwand haben andere auch betrieben. Sind sie deshalb etwa wie von selbst zum Glauben an Gott gekommen? Von dem einen oder der anderen hört man sogar, dass sie eine solch umfangreiche Beschäftigung mit dem Glauben am Ende eher davon abgebracht haben soll. So rundum erfolgversprechend ist ein bloßes Nachdenken über den Glauben offenbar auch nicht. Wie ich es auch drehe und wende, ein ordentlicher Grund, weshalb ich an Gott glaube, will mir einfach nicht einfallen.

Und doch sage ich frank und frei: Ich glaube an Gott. Weshalb das so ist, ist mir im Grunde ein Rätsel. Oder besser gesagt: ein Geheimnis. Einem Rätsel kann man sicher irgendwann einmal auf die Spur kommen. Aber ein Geheimnis *bleibt* geheimnisvollerweise ein Geheimnis, gerade wenn man mehr und mehr in es einzudringen versucht. In den Katechismen der Reformatoren bin ich auf einen interessanten Hinweis gestoßen, nämlich den, dass nicht nur Gottes Gnade ein unverdientes Geschenk, also sein alleiniges Werk ist, sondern auch der Glaube. So lesen wir z. B. im Heidelberger Katechismus, dass es niemand anderes als der Heilige Geist, also *Gott selbst*, ist, der den Glauben „durchs Evangelium in mir wirkt" (Frage 21).

„Durchs Evangelium". Die aufgeschlagene Bibel hat mich in der Tat mein Leben lang bis heute begleitet. Mir ist klar, dass auch das nicht unbedingt etwas heißen muss. Auch andere haben sich mit den Texten der Heiligen Schrift lebenslang redlich abgemüht – und haben am Ende leidenschaftliche Plädoyers verfasst, weshalb die Bibel eigentlich gar nicht recht haben könne. Doch ohne die Botschaft des Evangeliums geht es, wenn ich den Heidelberger Katechismus richtig verstanden habe, offenbar auch nicht. Schon der Apostel Paulus weist darauf hin, dass der Glaube „aus dem *Hören*", gemeint ist das Hören des Evangeliums, kommt (Römer 10,17).

Dass es im Hören auf die biblische Botschaft dann tatsächlich zum Glauben kommt, dafür gibt es dann allerdings für mich keinen plausiblen Grund. Zu sehr war und ist auch mein Glaube an Gott immer wieder von Fragen, auf die ich keine Antwort weiß, von Zweifeln und Zeiten des Kleinglaubens umwettert. Man sollte damit nicht kokettieren. Andere haben in ihrem Ringen mit Gott ganz andere Täler durchschritten und ganz andere Zweifel durchlitten. Warum sie dann dennoch an diesem Glauben festgehalten haben, ist mir allerdings auch ein Rätsel. Oder sollte es etwa Gott selbst gewesen sein, der in allen Fragen und Zweifeln an ihnen festgehalten hat? So wie es in einem neuen geistlichen Lied von Ulrich Fick heißt:

Ich werfe meine Fragen hinüber
wie ein Tau von einem Schiff ans Land.
Vielleicht ist einer da und greift herüber,
vielleicht, vielleicht nimmt einer mich an meine Hand.
Wenn Gott es ist, der meine Fragen auffängt und nicht lässt,
wenn Gott es ist, dann hält er mich samt meinen Fragen fest.

Vielleicht ist also die Frage nach möglichen Gründen für einen Glauben an Gott gar nicht so wichtig. Vielleicht ist die Botschaft, dass Gott – ungeachtet aller Fragen und Zweifel, ungeachtet auch aller möglichen Argumente und Gegenargumente – an uns festhält, viel wichtiger.

Warum er das tut, das wird allerdings wohl ewig sein Geheimnis bleiben.

MIRA UNGEWITTER

Jahrgang 1985, gebürtige Kölnerin und Baptistin, arbeitet seit drei Jahren als Pastorin im Team der projekt:gemeinde in Wien und gehört zu den Organisator*innen von Burning Church//Fest der gefährlichen Ideen. Darüber hinaus promoviert sie an der Uni Bonn, schreibt ein Buch und betreibt mit Freunden eine Pop-up-Bar. Mit ihrem wunderschönen alten VW T3 reist sie gerne durch die Welt und nach Möglichkeit immer über den eigenen Tellerrand.

Mein Regenbogen.
Eine Vertrauensgeschichte

Auf Albert Einstein geht der Satz zurück: „Es gibt zwei Arten sein Leben zu leben: entweder so, als wäre nichts ein Wunder, oder so, als wäre alles eines. Ich glaube an Letzteres." Dem schließe ich mich an. Seit drei Jahren bin ich Pastorin im Team der projekt:gemeinde im wunderschönen Wien. Pastorin zu werden, war nicht immer mein Traum. Als Kind einer baptistischen Mutter und eines agnostischen Vaters hatte ich zwar eine, wenn auch nicht ganz klassische, (frei-)kirchliche Prägung. Ich war durchaus ein frommes Kind und eine konstant turbulent gläubige Teenagerin. Aber berufsgläubig sein?! Nein danke. Eventmanagement war eher mein Ding. Mit Headset im Ohr große Veranstaltungen stemmen, das war der Plan. Nun würde es den Rahmen dieser Geschichte sprengen zu erzählen, wie ich von der Höheren Handelsschule in Köln-Zollstock über einen Aufenthalt in Brasilien zur Evangelischen Theologischen Fakultät der Uni Bonn gelangte, ein zusätzliches Jahr an der Theologischen Hochschule Elstal – der baptistischen Pastor_innensschmiede – absolvierte und nach einer gewaltigen Krise dennoch Pastorin wurde. Es war ein verdammt langer, schön-schwerer Weg.

Dann kam der Tag der Ordination, der Gottesdienst, in dem es richtig ernst wurde. Familie, Freunde, ehemalige Kommilitonen und Professoren und natürlich die Gemeinde waren feierlich versammelt. Das Ganze fühlte sich an wie alleine heiraten. Auch bei der Ordination bekommt man Fragen gestellt, die den Rest des eigenen Lebens betreffen und die es gilt, wohlüberlegt mit Ja zu beantworten. Unter anderem die, ob man gewillt ist, einen Lebenswandel zu pflegen, der dem Vorbild Jesu angemessen ist. Selbst wenn man von einem Interpretationsspielraum ausgeht, in dem man die Gestaltung eines jesuanischen Lebenswandels auslegen könnte, war dies dennoch ein krasser Augenblick. Die Summe dieser fremdverliehenen Würde kombiniert mit einer riesigen Verantwortung im Wissen um die eigene Unzulänglichkeit war und ist definitiv eine hohe Hausnummer. Die damit verbundene Aufregung hat mich diesen Gottesdienst extrem intensiv, aber auch aus einer Art Vogelperspektive wahrnehmen lassen.

So war es eigentlich der Tag danach, an dem es mir wie Schuppen von den Augen viel: Ich bin jetzt Pastorin. Pastorin sein – wie lange hatte ich dafür gelernt, studiert, diskutiert, gekämpft, gefeiert, geliebt, verloren, gehadert, geweint, gelacht, gezweifelt und vertraut?

Im Rausch dieser Gefühle verließ ich an diesem verregneten Februarmorgen meine damalige WG nahe des Wiener Naschmarktes. Das Gefühl, einen neuen großen Lebensabschnitt zu beginnen, wurde durch die Erhabenheit Wiens nur noch verstärkt. Die nasse Kälte schlug mir beim Verlassen des Hauses ins Gesicht und ich hörte, wie sich meine innere Stimme erhob: Gott, was habe ich nur gemacht? Das kriege ich niemals auf die Kette! Ich lief ein paar Schritte weiter, noch war mir die freie Sicht auf die wunderschönen Jugendstilbauten der Linken Wienzeile versperrt. Meine innere Stimme wurde immer lauter: Ich kann das nicht! Ich hob den Blick, um mich zumindest an der Schönheit dieser Stadt zu erfreuen – und da war er: der persönlichste Regenbogen meines Lebens.

Ich kann auch heute nicht ausreichend in Worte fassen, was da in mir und mit mir passiert ist. Aber es war dieser Moment, Gottes buntestes Ja zu mir, gefolgt von tiefster Gelassenheit. Meine innere Stimme wurde sanft, aber bestimmt zum Schweigen gebracht.

Ich bin jetzt drei Jahre in diesem Beruf, der so bunt und so vielfältig ist und in dem die Lage im wahrsten Sinne des Wortes in Sekunden von himmelhoch jauchzend in zu Tode betrübt wechseln kann. Es bleiben auch Tage, an denen ich mich weniger pastoral begabt fühle. Daher kann ich mir kaum ein besseres Symbol für diesen Dienst vorstellen als das Naturphänomen, das durch das Zusammenspiel von Sonnenlicht und (Un)gewitter entsteht und mit dem schon die Bibel Gottes unermüdlichen Zuspruch beschreibt: „Meinen Bogen setze ich in die Wolken …" (nach 1. Mose 9,13).

Nun weiß ich auch, dass man dies alles als Zufall oder als persönliche, etwas emotional überladene Interpretation bewerten kann. Mir ist auch bewusst, dass tausende andere Menschen an diesem Morgen denselben Regenbogen gesehen haben und sich gar nichts dabei gedacht haben. Dennoch wird dies immer einer meiner besonderen Gottesmomente bleiben, vor allem wenn neue Wunder vermeintlich auf sich warten lassen.

Damit wären wir wieder beim Anfang und bei Einstein. Mein Regenbogen war auch ein Wunder. Nicht weil ich nicht um die Naturgesetze weiß. Im Gegenteil: Ich glaube, dass sich Wunder nicht dadurch charakterisieren, dass sie Naturgesetze durchbrechen oder Kausalprinzipien widerlegen.

Wunder sind vielmehr die Unterbrechungen des Alltags durch das Wirken einer Kraft, die menschliche Möglichkeiten übersteigt und uns staunend zurücklässt.

Auf diese Gotteskraft setzte ich mein ganzes Vertrauen.

19

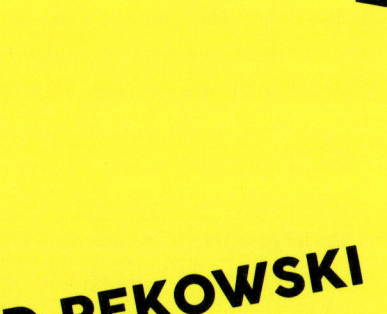

PRÄSES
MANFRED REKOWSKI

Jahrgang 1958, war viele Jahre Gemeindepfarrer in Wuppertal (1984 – 2011), dazu in den Jahren 1993 – 2011 nebenamtlicher Superintendent des Kirchenkreises Barmen, später Wuppertal. 2011 wechselte er als hauptamtliches Mitglied der Kirchenleitung der Evangelischen Kirche im Rheinland nach Düsseldorf. Seit 2013 ist er ihr Präses. Er ist mit der Realschullehrerin Birgit Rekowski verheiratet; das Ehepaar hat zwei Kinder.

Mein Glaube: beständig – neu

Als Pfarrer bin ich für viele offenkundig ein „Berufschrist", der in Predigten das sagt, was man von einem (bezahlten) Mitarbeiter der Kirche erwarten kann. Und in meiner Funktion als leitender Geistlicher, als Präses der Evangelischen Kirche im Rheinland, werde ich zwar häufig nach meiner theologischen Haltung und Einschätzung gefragt, seltener nach meinem persönlichen Glauben. Und in der Tat: Theologisch zu argumentieren ist Alltagsgeschäft, aber persönlich und zugleich öffentlich vom eigenen Glauben zu reden, ist sehr viel herausfordernder. Deshalb nun Gedanken eines Überzeugungstäters zu dem, was und wie ich persönlich glaube.

Es ist viel geschehen, bis aus dem Glauben von Menschen, die in meiner Kindheit und Jugend zu meinem Leben gehörten, mein eigener Glaube entstand. Von klein auf gab es in meiner Familie Rituale, wie Abendlieder („Breit aus die Flügel beide…") und Gebete, die mir ein starkes Gefühl von Geborgenheit, ja, ein Grundvertrauen zum Leben, vermittelten. Dafür bin ich sehr dankbar.

Aber es gab auch das folgende Lied, das meine Mutter mit uns Kindern sang: „Pass auf, kleines Auge, was du siehst! (...) Denn der Vater im Himmel schaut herab auf dich, drum pass auf, kleines Auge, was du siehst!" Ich habe das Lied als Kind gern gesungen. Und doch war und ist es ein schwieriges Lied. Es hat auf mich immer auch so gewirkt, als sei Gott der

Verbündete meiner Eltern bei ihren Erziehungsbemühungen; sozusagen eine Arbeitsgemeinschaft mit maximaler Reichweite. Und auch wenn ich mich außerhalb der Sichtweite und Interventionsmöglichkeiten meiner Eltern bewegte, war da Gott, der nicht nur aufpasste, sondern kontrollierte und so Wohlverhalten erzwang. Vermutlich ist es kein Zufall, dass mir ausgerechnet dieses Lied einfällt, wenn ich von meinem Glauben erzähle.

Mir begegnete aber in Kindheit und Jugend auch ein Glaube, der offenkundig verteidigt werden musste: nicht fragen – nicht zweifeln, weil sonst der Glaube ins Wanken kommen könnte. Das Leben und die Welt wurden so verstanden, als seien sie grundsätzlich eine Infragestellung oder Bedrohung des Glaubens. Profane Musik, Literatur, Filme wurden äußerst kritisch beäugt und oft zum Tabu erklärt. Ein lebensbejahender Glaube sieht anders aus. In Verbindung mit einer stark ritualisierten Frömmigkeitspraxis in Hochdosierung war diese Form des Glaubens für mich als Heranwachsendem weder attraktiv noch Mut machend. Eigentlich ist es für mich fast ein Wunder, dass der christliche Glaube mir als Jugendlichem dennoch zur Lebenshilfe wurde und bis heute blieb.

Rückblickend glaube ich, dass meine Jugendzeit für die Entwicklung meines Glaubens die prägende Phase meines Lebens war. In dieser Phase der Unsicherheit bewegten mich Fragen wie diese: Welchen Beruf werde ich ergreifen? Mit wem werde ich durchs Leben gehen? Wo werde ich meine Zelte aufschlagen? Worte der Bibel erwiesen sich dabei für mich immer wieder ganz unmittelbar als Zuspruch und Anspruch. Ich denke zum Beispiel an Psalm 73,23-24: „Dennoch bleibe ich stets an dir;

denn du hältst mich bei meiner rechten Hand, du leitest mich nach deinem Rat und nimmst mich am Ende mit Ehren an". Dieses „Dennoch" ist für mich seither so etwas wie das kürzeste Glaubensbekenntnis: Trotz alledem! Ähnlich höre ich die Worte aus der Geschichte vom Tod des Lazarus, in der Martha an Jesus gerichtet formuliert: „Aber auch jetzt weiß ich: Was du bittest von Gott, das wird dir Gott geben." (Johannes 11,22) Aus diesen Worten der Bibel lasse ich mir immer wieder sagen: Ich habe von Gott noch viel zu erwarten. Und die Frage aus Römer 8,35 „Wer will uns scheiden von der Liebe Christi?" höre ich für mich persönlich so: Kein Gedanke, keine Frage, keine Tat kann mich von Gott trennen.

Im Laufe meines Lebens wurden mir wortkarge oder stille Gebete ebenso wie Gebete anderer, deren Worte ich mir gewissermaßen ausleihe, immer wichtiger.

Ein Gebet von Jörg Zink begleitet mich schon seit vielen Jahrzehnten. Es bestimmt meine Haltung und Einstellung zum Leben mit den vielen offenen Fragen und dem Bruchstückhaften:

Alle ungelösten Fragen, alle Mühe mit mir selbst,
alle verkrampften Hoffnungen lasse ich los.
Ich gebe es auf, gegen verschlossene Türen zu rennen,
und warte auf dich. Du wirst sie öffnen.

Ich lasse mich dir. Ich gehöre dir, Gott.
Du hast mich in deiner guten Hand. Ich danke dir.

(aus: Jörg Zink, Wie wir beten können. © 2015 Verlag Kreuz in der Verlag Herder GmbH, Freiburg i. Br., S. 189)

Der Glaube, den ich in meiner Kindheit kennengelernt habe, bestand vielfach aus einem Für-wahr-Halten von Glaubensinhalten. Es kam darauf an, die Worte der Bibel wörtlich zu verstehen. Auch wenn die biblische Tradition sagt, der Buchstabe töte, der Geist aber mache lebendig (2. Korinther 3,6), begegnete mir vielfach ein Buchstaben- und Textglaube, dem fast jede Lebendigkeit abging. Erst später habe ich gelernt, was es bedeutet, dass „das Wort Fleisch ward" (Johannes 1,14), also dass Gott Mensch wurde. Ich glaube seither, Gottes Wort begegnet uns in Menschenworten. Menschenworte werden mir immer wieder – nicht zuletzt auch mit Predigten, Liedern und Gebeten – zu einem auch mich unmittelbar ansprechenden, mich in Bewegung setzenden, mich berührenden Wort Gottes.

In meinem Studium habe ich viel gelernt über die historischen Kontexte, in denen biblische Texte entstanden sind. Textpassagen haben sich vielfach weiterentwickelt, wurden ergänzt, präzisiert und manchmal auch aufgrund veränderter Lebensumstände anders akzentuiert. Ich habe gelernt, dass das Wort Gottes nichts Statisches ist, sondern dass es von glaubenden Menschen jeweils in ihrer Zeit und Welt situations- und kontextgemäß ausgelegt und interpretiert wird. In der Bibel überliefern uns unsere Mütter und Väter im Glauben von ihren Erfahrungen mit Gott. Das Wort wird Menschen als Zuspruch und Anspruch gesagt. Das Wort ist wie der Glaube: beständig neu.

In der Bibel faszinierten mich weniger theologische Gedankengebäude als vielmehr Geschichten. Geschichten, die beispielsweise sehr anschaulich Begegnungen Jesu mit unterschiedlichsten Menschen schilderten: Jesus hat keine Berührungsängste: ob es um einen notorischen Betrüger geht, um die Frau mit dem schlechten Ruf, die nervenden Kinder oder die fremde und aufdringliche Frau, stets geht er auf Menschen zu. Er geht denen nach, die sich von ihm abwandten. Er gibt niemanden auf. Er gibt jedem eine zweite Chance. Er liebt das Leben und lebt die Liebe. Er fördert das Lebendige. Er lebt unser Leben und stirbt unseren Tod. Er bestätigt nicht einfach das, was im Gang ist, sondern korrigiert, ruft zurecht. Er hat auch das letzte Wort über mich und mein Leben und es wird lauten: „Ich lebe und ihr sollt auch leben." Ich glaube: So ist Gott. So begegnet er mir im Alltag meines Lebens und so werde ich nach meinem Tod bei ihm geborgen sein. Denn von seiner Liebe trennt mich nichts.

Dietrich Bonhoeffer hat einmal gesagt: „Segnen heißt: die Hand auf etwas legen und sagen: Du gehörst trotz allem zu Gott." So gehe ich, trotz allem, immer wieder voller Zuversicht und Gottvertrauen in den Alltag meines Lebens. Der im Gottesdienst empfangene Segen, die dort erfahrene Gemeinschaft und das Vertrauen auf Gottes Verheißungen stärken mich für meinen Alltag. Gottesdienst ist für mich daher ganz konkret spürbar als Gottes Dienst an mir, für mich.

Mittlerweile bin ich 60 Jahre alt. Bei allem Auf und Ab, das auch zu meinem Leben gehört, lebe ich ein Leben, das bisher frei von Katastrophen war. Trotz einer nicht ganz einfachen Ausgangslage (meine Familie und ich waren Spätaussiedler) haben sich mir immer wieder viele Türen aufgetan. Zu meinem Leben gehört eine Familie, die mich beglückt, und

Menschen, die mein Leben bereichern. Ich kann für dieses Leben nur von Herzen „Gott sei Dank!" sagen.

Vor einigen Monaten wurde bei mir eine chronische Krankheit diagnostiziert. Und auch wenn die Prognosen von Anfang an sehr positiv klangen und sich inzwischen erfreuliche Behandlungsfortschritte ergeben haben, rückte mir der Gedanke an meine beschränkte Lebenszeit plötzlich sehr nahe. Wie viel Lebenszeit mir geschenkt wird, weiß ich nicht. Ich lebe gerne und möchte mit den Menschen, die zu meinem Leben gehören, noch viel Zeit teilen. Als Gemeindepfarrer gehörte es regelmäßig zu meinen Aufgaben, Menschen zu beerdigen. Ich habe es mir angewöhnt, nach der Beisetzung so lange am Grab stehen zu bleiben, bis der letzte Abschied genommen hat. Oft bin ich dann noch einmal an das offene Grab gegangen, habe einen Augenblick innegehalten und still gebetet: Gott, hilf mir so zu leben, dass ich getrost sterben kann. Heute bete ich immer wieder ganz bewusst mit den Worten von Jörg Zink: „Ich bitte dich nicht, mir mehr Zeit zu geben. Ich bitte dich aber um viel Gelassenheit, jede Stunde zu füllen."
„Dein Reich komme!" Diesen Satz beten wir im Vaterunser. Die bestehenden Verhältnisse, die Menschen ums Leben bringen, sind nicht alternativlos. Gott wird die Welt erneuern nach seiner Verheißung. Unsere Bibel mündet in den sehnsüchtigen und ungeduldigen Ausblick auf den neuen Himmel und die neue Erde. Mein Glaube ist für mich daher immer wieder auch Ermutigung und Antrieb, für eine Erneuerung der Welt auch schon hier und jetzt einzutreten.

MAJA GILLE

lebt in Leipzig und ist als Schauspielerin, Regisseurin und Moderatorin aktiv unterwegs. Außerdem ist sie Sängerin und Komponistin, Schriftstellerin und Lyrikerin. Als Coach berät sie Führungskräfte im Bereich Kommunikation und Kulturwandel und ist mit den Schwerpunkten Potenzialförderung und „Freiheit von destruktiver Manipulation in Beziehungen" auch als Sprecherin gefragt.

Gott in der Kunst

Als Kind habe ich zu Weihnachten oft in einem Kinderchor in der Nikolaikirche in Leipzig gesungen und eines Tages erlebt und geglaubt, die Engel selbst singen zu hören. Das waren Klänge wie aus einer anderen Welt. Keine Ahnung, ob ich es mir einbildete, denn die Musik von Johann Sebastian Bach war natürlich eine zutiefst beeindruckende Gegenwart. Aber das Erlebnis wurde für mich eine erste Begegnung mit Gott. Musik war schon immer mein Lebenselixier, meine Sprache, und somit auch der Raum, in dem ich nach Sinn, nach Gott, nach Trost, nach Wiederhall suchte. Ich lernte Gesangbuchlieder und Liturgien auswendig, habe Ruhe und eine ungeahnte Weite im sakralen Singen gespürt. Genauso ging es mir auch am Klavier und beim Schreiben oder Malen.

Auch die Lyrik gab mir Halt und Trost. Das Papier war ein guter Zuhörer. Als ich 15 war, las ich Sartre, Nietzsche, Rilke, Goethe, Schiller, Dostojewski, Brecht, Heidegger, Sokrates, aber das ist in Berlin-Kreuzberg und -Neukölln, wo ich die Schule besuchte, gar nicht anders möglich gewesen, ich musste schließlich geistig überleben. Ich las alles, was man lesen kann, wenn man Sinn und Unsinn sucht, sich unbefriedet mit Lebensantworten fühlt und gesellschaftlich nicht vom Mainstream erdrückt werden will.

Zur Schule ging ich als Teenager nicht wirklich freiwillig, durch viele Wohnortwechsel war ich mit 15 bereits in der fünften Schule innerhalb von zwei Jahren. Beziehungen zu Lehrern und Schülern bauten sich nicht auf. Aber ich sang in der Schülerband und hatte einen unglaublich fördernden Musiklehrer, der Christ war. Ein ganz sanfter Mensch, der uns Teenager verstand und mein Talent immer unterstützte.

Meine Mutter war schwer krank, ich lebte allein mit ihr in Berlin. Ich hatte tiefe Ängste, litt unter Schlaflosigkeit und vertraute mich irgendwann meinem Bruder an, der bei meinem Vater lebte. Er empfahl mir, zu einem katholischen Pater Kontakt aufzunehmen. Der Pater war ein zurückhaltender, liebevoller Mensch, der einfach und sehr schlicht für mich betete.

Relativ kurz und unspektakulär. In dieser Zeit befand ich mich in einem Zustand, in dem ich alles wie unter einem Grauschleier wahrnahm. Vielleicht würde man es bei einem Teenager heute eine depressive Phase nennen.

Mein Zustand begründete sich unter anderem dadurch, dass ich mich mit meinem Potenzial nicht ernst genommen fühlte. Mir war sehr klar, was ich wollte: Musik machen und Schauspiel erlernen. Ich wollte meine Begabung und Kreativität beruflich ausleben und nicht in einem „sicheren" Job landen. Kunst einfach so nebenbei war immer undenkbar. Die Erwachsenen um mich herum, egal ob Berufsberater oder Eltern, nahmen das nicht wirklich ernst. Natürlich kooperierte ich mit meiner Mutter und allen Ratgebern und begann, eher mies gelaunt, den kurzen Anfang einer Ausbildung, brach ab, suchte auf Anraten hin eine andere, bewarb mich hier und da. Bis ich endlich ein paar Jahre später in Richtung Schauspielschule und danach Theaterpädagogik aufbrach, war es ein langer Weg.

2001 trat ich im Theater Augsburg mein erstes Praktikum an. Ich wusste nach kurzer Zeit zu tausend Prozent, wie sehr ich die Theaterarbeit liebe, wie wohl ich mich mit diesen Menschen fühle. Diese Theaterarbeiter sprachen, fühlten und dachten wie ich. Damit war ich angekommen, zumindest an den richtigen Anfang meines Weges.

Dass ich die Kraft hatte, durchzuhalten, führe ich auch auf das Gebet des Paters zurück: Als er damals betete, dass Gott sich mir doch mit seiner Liebe und einer Vision für mein Leben offenbaren möge, schoss ein ungewöhnlich heller Sonnenstrahl ins Zimmer und ruhte auf mir. Das klingt für manche merkwürdig, aber so schlicht und dennoch beeindruckend war es. Plötzlich hob sich der graue Schleier durch eine – ich würde es personhafte Anwesenheit von Liebe und Frieden nennen. Ich kann schwer beschreiben, wie es sich anfühlte. Vielleicht wie ein unfassbares Aufatmen. Ich konnte wieder leben, mich freuen. Ich wusste plötzlich, dass es um diesen Jesus ging. Ich wollte mehr wissen, diese Bibel lesen und verstehen. Es war diese Liebe, die ich Annahme nenne und die ich bis in die innerste Kammer meiner Seele und bis in die tiefsten Nervenfasern spüren konnte. Ich hatte plötzlich eine Vision für meine Berufung, für mein Erwachsenwerden, für meinen eigenen Weg.

Und ich machte meine Erfahrungen. Jahre vergingen. Ich war mittlerweile 30 Jahre alt, studierte in Heidelberg Theater und saß eines Abends allein in meiner Wohnung. Ich war am Ende. Am Tiefpunkt meines Lebens. Meine junge Ehe war gerade gescheitert. Ich war aus christlich-charismatischen Kreisen herausgetreten, weil mir alles zu eng geworden war, und Menschen hatten mir den Rücken gekehrt. Ich hätte mich am liebsten selbst verlassen. So sagte ich es laut an diesem Abend zu Gott, nach einem Telefonat mit meinem sehr fundamentalistisch geprägten Bruder.

Nach all diesen Erfahrungen und dem Scheitern, nach meinem Gespür für Freiheit und Eigenheit, der Sehnsucht, mich entfalten zu dürfen, auch als Künstlerin und Frau, fand ich es schwer, meinen Platz in der Kirche oder Gemeinde zu finden und die gruppendynamischen Prozesse zu akzeptieren. Ich habe viele Frömmigkeitsstile und Gemeindeformen kennengelernt, aber mir fehlten dort oft die großen Facetten des Glaubens, des Wortverstandes, der individuellen Musik, das Auflösen der immer gleichen Begrifflichkeiten. Mich störte das Pflegen einer Schwarz-weiß-Einstellung.

Bis dahin hatte ich in einem sogenannten Worshipteam als Sängerin ganz vorn gestanden, hatte an Orten gepredigt, an denen noch nie eine Frau predigen durfte. Ich hatte das als stärkend für meine Arbeit erlebt, aber ich war nicht ganz frei und froh in meiner Beziehung zu diesem schöpfergewaltigen unfassbaren Gott gewesen, den ich auch mit Philosophie und Kunst gut sehen konnte. Ich habe mich selbst erst wohlgefühlt und wieder mehr mit Gott erlebt, als ich allem Gemeindeleben erstmal den Rücken zuwandte, ohne gegen irgendetwas oder jemanden zu sein.

Heimat und Trost fand ich weiterhin in der Musik, in schlichten Gebeten mit Diakonissen und in der Mystik. Die relevantesten, für mich reichsten Predigten, eine regelrechte Erfüllung, waren für mich Predigten bei messianischen Juden und der anglikanischen Gemeinde. Welche Art Glaube oder Beziehung ich oder andere Menschen zu Gott haben, ist für mich äußerst intim und ohne Urteil zu versehen. Solange dieser gegenseitige Respekt vor dem Leben und echtes Interesse am Leben und Wohlergehen des anderen besteht, ist alles okay und man akzeptiert die merkwürdigsten Gruppenregeln. Diese Basis finde ich angemessen.

An diesem Abend in meiner Wohnung in Heidelberg spürte ich aber, wie damals, eine Anwesenheit von Annahme so nah, dass mir der Atem stockte. Neben dem ganzen Zerbruch und der Einsamkeit spürte ich so etwas wie: „Aber ich verlasse dich nicht." Das gab mir Trost.

Ich will diesen echten freien Gott, oder wie auch immer andere Menschen ihn nennen, sehen, merken, mit ihm reden, ihn wissen. Und es passiert. Ich erlebe Gott in den Menschen, denen ich begegne und in der Welt, die mich umgibt. Ich erlebe ihn als einen befreienden Geist, einen Schöpfer mit ungeheurer Kraft, der sich vor allem nicht schämt, weder für Personen, noch Herkunft, Vergangenheit, Albernheit, Sexualität, wie sie sich auch äußert, noch für Emotionalität. Dieser Gott hat keine Angst vor unseren Fehlern und schränkt keinen Wissensdurst ein, nimmt weder Entscheidungen noch Verantwortung ab und versucht nicht, Unrecht zu vertuschen. Gott ist für mich enorme Leidenschaft und Ausdruckskraft. In der Vielfalt zeigt sich Jesus, den ich traf und immer neu treffe:

Als ich in Neuseeland den Pazifik berührte zum Beispiel, oder als meine Freunde mich nach einer Operation, in der ich ein Kind verlor, aus dem Krankenhaus abholten, mir Tee kochten und mit mir weinten.

Ich glaube, Gott hat keine Angst, dass wir über ihn nachdenken, er hat uns Verstand und die Gabe des Zweifelns, Überlegens, des Hoffens, den gesamten Widerspruch und scheinbaren Irrsinn des Lebens geschenkt. Ich denke, Gott traut uns alles zu. Er ist ein Gönner, kein Schwarzpädagoge. Ich glaube, er ist erleichtert, wenn wir beginnen, die ganze Welt, Sinnlichkeit und Schönheit, nüchterne Tatsächlichkeit und auch das, was nicht so angenehm ist, zu entdecken. Wenn wir Leben ausschöpfen, prägen und mit uns ergänzen. Er ist unserer Art zu lieben und zu leben nah. Und zwar jedem und jeder. Er kann das. Er ist mit mir auf der Bühne, in jedem Gedicht, wenn ich Erfolge habe oder sich mal wieder kein Schwein für meine Lieder interessiert. Oder wenn ich manchmal denke, es nicht zu schaffen, alles allein machen zu müssen. Ich schreibe ihm Briefe und rede einfach drauf los, wenn es eng wird. Jesus scheint immer schon da gewesen, wo ich Menschen verloren oder ihre Liebe vermisst habe. Nichts hindert Gott, mit uns zusammenzutreffen. Sei es durch ein Bild, einen Sonnenstrahl, ein Wort, einen Kuss, Schmerz, Lachen oder durch meinen Kinderchor in der Nikolaikirche in Leipzig.

21

JULIA GARSCHAGEN

ist Theologin, Kölnerin und Weltenbummlerin. Sie arbeitet als leitende Referentin beim Zacharias Institut für Wissenschaft, Kultur und Glaube. Dabei hält sie an Universitäten im In- und Ausland Vorträge, die sich mit kritischen Anfragen ans Christentum auseinander-setzen oder gesellschaftsrelevante Themen beleuchten. Sie liebt es, mit Menschen über die großen Fragen des Lebens zu diskutieren. Und sie liebt die Berge, Bücher, Baileys und Grillen am Rhein.

Gott sieht dich

Nach dem Abitur habe ich ein Jahr in Peru gelebt. Ich habe Spanisch gelernt, Salsa getanzt, Meerschweinchen und Kaktusfrucht gegessen, Piranhas am Amazonas geangelt und mich selten in meinem Leben so geliebt gefühlt. Und ich habe Familien besucht, die in Papphütten wohnen. Ich hatte Freunde, die nie eine Chance auf eine Ausbildung haben werden. Ich habe mit Frauen geweint, deren Kinder vom selben Familienmitglied vergewaltigt wurden wie sie selbst.

Als ich zurück nach Deutschland fuhr, habe ich viel mitgenommen: Freundschaften, Geschenke, Erinnerungen, eine Limettenpresse. Und eine Frage: Warum? Warum ist diese Welt, wie sie nicht sein sollte? Warum diese schreiende Ungerechtigkeit und das klagende Leiden? Warum, Gott? Wo bist du in all dem?

In meiner Familie war Denken immer wichtig. Fragen unbedingt angebracht. Als ich als Jugendliche anfing, Jesus zu folgen, war meine brennendste Frage: Wie passen Wissenschaft und Glaube zusammen? Für mich war klar: Wenn Jesus die Wahrheit ist, dann muss er allen Anfragen standhalten. Dann darf ich fragen und zweifeln. Natürlich, die Sache mit Gott geht über meinen Verstand hinaus. Wenn es anders wäre, hätte ich, ehrlich gesagt, den dringenden Verdacht, dass Menschen ihn erfunden hätten. Aber er darf auch nicht hinter meinem Verstand zurückbleiben.

Wenn mir damals jemand das Gefühl gegeben hätte: „Um in unserem Christen-Club dabei zu sein, musst du dein Hirn an der Garderobe abgeben!", wäre ich schnell weg gewesen. Zum Glück gab es Leute, die sich mit mir auf die Suche machten.

Und nun also die große Suche nach dem Warum.

Ich fing an Theologie zu studieren, las Kirchenväter, Philosophen, Theologen. Und entdeckte einen risikobereiten Gott, der Menschen schafft, nicht Marionetten. Mit echter Würde und echter Verantwortung. Weil echte Liebe nicht zwingt, sondern frei lässt. Freiheit war mir schon immer ein hohes Gut. Das scheint Gott genauso zu gehen. Also riskiert er, dass Menschen Nein zu ihm sagen und lässt sie gehen. Aber wenn er der Gute schlechthin ist, die Quelle alles Guten, dann ist jeder Schritt weg von ihm ein Schritt ins Nichts, zum Verdrehten, Ungerechten. So frisst sich das Böse in die Welt, breitet sich aus wie ein Virus in meinem Computer.

Und trotzdem: Was ist das für eine Liebe, die einem Vergewaltiger freie Hand lässt? Warum, Gott? Wo bist du?

Ich begegnete Menschen, die erzählten, wie schwierige Zeiten ihnen halfen, ihr Leben zu überdenken. Neue Schritte zu gehen. Etwas Wichtiges zu lernen. Und ja, die Menschen, die mich am meisten beeindrucken, die mit der größten Tiefe und der ansteckendsten Freude, mit denen ich gerne stundenlang vorm Kamin sitze, lache, weine und rede, das sind die, die Tiefe erlebt haben. Deren Leben geprüft wurde. Und trotzdem: Wie soll ein Straßenkind in Lima daran wachsen, dass es nirgendwo hingehört? Die meisten von ihnen wachsen nicht lange. Sie sterben viel zu früh. Warum, Gott? Wo bist du?

Irgendwann fragte ich: Bist du überhaupt da? Zeigt nicht das Leid der Welt, dass dich das alles einen feuchten Dreck kümmert? Oder dass da gar niemand ist, den es kümmern könnte? Gleichzeitig merkte ich: Wenn ich die Welt ohne Gott denke, meinen Glauben aufgebe und die ganze Sache vergesse, ist das, was bleibt, ziemlich schwach. Atheismus bietet keine Antwort auf das Warum. Wen sollte ich fragen? Und warum frage ich überhaupt? Er bietet keine Kraft zu trösten. Da ist ja niemand. Und keine Hoffnung auf einen Tag, an dem Ungerechtigkeit aufgedeckt und Not verändert wird. Das schien mir freudlos, fantasielos, leer.

Und dann traf ich den heruntergekommenen Gott. Oder besser: Er traf mich. Ich erinnerte mich an einen Abend, damals, mitten in Lima. An einen Ort voller Marktstände, Müll, Verkehr, Gestank, Gewalt. Und Kinder. Kinder, die alle paar Minuten einen Beutel Kleber aus dem Ärmel zogen, daran schnüffelten und für die nächsten Sekunden in einer anderen Welt waren.

Da war ein kleines Mädchen, vier, vielleicht fünf. Ziemlich zerzaust sah sie aus und irgendwie verloren. Wir begannen Fangen zu spielen und weil es mit meiner Kondition ziemlich bald vorbei war, stellte ich mich auf den Gehweg, breitete die Arme aus und wartete. Das kleine Mädchen kam ein Stück näher. Und rannte wieder weg. Und immer wieder ein Stück näher – und wieder weg.

Mitten zwischen all dem Müll und den Menschen stand ich bestimmt zwanzig Minuten lang mit offenen Armen da. Wahrscheinlich hielten mich alle für völlig bekloppt. Das war mir egal – mir war das Mädchen wichtig. Irgendwann traute sie sich dann doch, sprang auf meinen Arm und wollte den ganzen Abend nicht wieder runter.

Plötzlich wurde mir klar: Wir sind das kleine Mädchen. Ich begriff diese ganze Geschichte von Gott, der Mensch wird, obdachlos, ein Flüchtling, mit der Armut gut vertraut. Ich begriff: Der macht das, weil der feuchte Dreck und der Staub und das Dunkle der Welt ihn kümmern. Er stellt sich mitten in unseren Müll, den Gestank und die Gewalt. Breitet die Arme aus und wartet auf uns, die vom Leben Zerzausten. Nicht nur zwanzig Minuten, sondern, wenn nötig, unser ganzes Leben lang. Es interessiert ihn nicht, dass er sich zum Deppen macht. Weil er sich so für uns interessiert. Darum hält er aus, wird verraten, verkauft, gefoltert. Er breitet die Arme aus. Und zerbricht am Leid, an der Wut und am Kummer der Welt.

Gott, wo bist du im Leid? Mittendrin. Im Zentrum der Not. Er hat sie bis auf den Grund durchwandert.

Kurz darauf traf mich eine andere Frage. Mitten in einer Vorlesung zu Hiob, dem schmerzgeprüften Mann des Alten Testaments, sagte der Professor, dass er sich manchmal frage: Warum? Warum, Mensch? Warum lässt du all die schreiende Ungerechtigkeit und die klagende Not zu? Wie kannst du so bequem leben auf Kosten anderer? Warum ist deine Wut so leise und setzt dich so wenig in Bewegung? Da wurde in mir ein Traum wach und ein Gebet laut, das mich nicht mehr losließ.

Dreizehn Jahre später bin ich wieder in Peru. Einiges hat sich verändert. Manche Familien wohnen heute in Steinhäusern. Es gibt jetzt für viele fließendes Wasser. Durch den Staub führen leuchtend gelbe Treppen. Aber die Jugendlichen haben immer noch keine Ausbildung. Bis heute leben Kinder auf der Straße. Und Gott steht immer noch mit ausgebreiteten Armen im Müll und wartet. Tagelang diskutiere, bete und träume ich mit einer Freundin, einer peruanischen Sozialarbeiterin, einer, die Armut kennt. Und den heruntergekommenen Gott. Eine mutige Frau, die mir Mut macht.

Als ich dieses Mal zurück nach Deutschland fahre, nehme ich einen Projektplan mit. Wir wollen Jugendliche begleiten und ihnen helfen, eine Ausbildung zu machen. Wir nennen das Projekt „Dios te ve" – Gott sieht dich. Er sieht dich mitten im Schmerz der Welt. Und wie durch ein Wunder treffe ich Leute, die dabei sein wollen. Die mitmachen, großzügig sind, Zeit schenken, organisieren und planen. Weil sie bewegt sind von Gott und seiner Welt. All das wäre nichts als ein Tropfen auf den heißen Stein. Wenn da nicht dieser Gott wäre. Der Gott, der herunterkommt in den Schmerz der Welt und daran zerbricht. Der Gott, dessen Leben stärker ist als aller Zerbruch, der selbst am dunkelsten Ort die Hoffnung ist. Der Gott, der uns einlädt und ermutigt, Teil seiner Geschichte mit der Welt zu werden. Und der am Ende alles neu machen wird.

www.neukirchener-verlage.de

ISBN 978-3-7615-6608-4
Printed in Germany
Gesamtherstellung: BasseDruck, Hagen
Verwendete Schriften: Cocogoose, Minion, Rozha
Lektorat: Anja Schäfer, Hamburg
Gesamtgestaltung: Grafikbüro Sonnhüter, www.grafikbuero-sonnhueter.de
Alle Rechte vorbehalten
© 2019 Neukirchener Verlagsgesellschaft mbH, Neukirchen-Vluyn

detaillierte bibliografische Daten sind im Internet über http://dnb.ddn.de abrufbar.
Die Deutsche Bibliothek verzeichnet diese Publikation in der Deutschen Nationalbibliografie;
Bibliografische Information der Deutschen Bibliothek:

SCM R.Brockhaus im SCM-Verlag GmbH & Co. KG, Witten.
(NLB) Neues Leben. Die Bibel, © der deutschen Ausgabe 2002 und 2006
Weiter wurde verwendet:

© 2016 Deutsche Bibelgesellschaft, Stuttgart.
entnommen: Die Bibel nach Martin Luthers Übersetzung, revidiert 2017,
Soweit nicht anders angegeben, sind die verwendeten Bibelstellen der Lutherbibel

Bildnachweise
Titelbild: Rawpixel.com (shutterstock.com), S. 5: Lea Barnowsky, S. 10: Hannes Leitlein,
S. 18: privat, S. 25: Christival e.V., S. 31: Malte Reiter, S. 37: Matthias Schröder,
S. 43: EKHN Peter Bongard, S. 50: MaggyMeher, S. 57: Sergej Falk, S. 64: privat,
S. 71: Sergej Falk, S. 78: Ludolf Dahmen, S. 85: Gerth Medien, S. 91: Andreas Lehmann,
S. 99: Andreas Lehmann, S. 106: privat, S. 111: privat, S. 118: Valere Schramm,
S. 123: EKiR/Lichtenscheidt, S. 131: studiorainerjustenst, S. 138: Christian Wilker / Crioco